［新装版］

稲盛和夫の哲学

人は何のために生きるのか

稲盛和夫

PHP

まえがき

私たちは戦後、荒廃した日本を再建し、豊かな人生を送ることをめざして懸命に働いてきました。やがて、世界第二位の経済大国となったことで、その願望は達成されたかのように思えました。ところが、物質的には豊かな生活が実現できたにもかかわらず、多くの人は満たされず、不安を抱きながら生きています。それは、人間の生き方や考え方について真剣に考えることなく、また足ることも、人を思いやることも忘れ、ただ利己的に生きているからではないかと思います。

いま私たちに必要なことは、「人間は何のために生きるのか」という根本的な問いに真正面から対峙《たいじ》し、人間としてもっともベーシックな哲学、人生観を確立することだと考えます。

私たちは、戦前の思想統制の反動から、人間はいかなる思想をもつことも自由であるといわれ、人間としてあるべき考え方や生き方について教えられることがほとんどありませんでした。

そのために、どのような考え方をもって生きようと自由であり、自分の人生は誰からの制約も受けずに自分の思うがままに過ごしていきたいと考えるようになりました。たしかに、現在の自由な社会ではどのような考え方をもとうとも自由であり、それは尊重されなければならないでしょう。

しかし、人生に対する考え方により、人生の結果が大きく変わることを、私たちは理解しなくてはなりません。苦労を厭《いと》い、人生をおもしろおかしく過ごそうとした人や、世をすね、不平不満をもち、一生を過ごした人と、高い目標をもち、それに向かって明るく前向きに、一生懸命努力を重ねてきた人の人生とのあいだには、大きな差が生じてしまうのです。

どのような考え方をもって人生を歩もうと自由なのですが、その考え方によって人生の様相がまったく異なったものになってしまう。つまり「素晴らしい人生を送る」にはそれにふさわしい考え方があり、それはどのようなものなのかということを、私たちは知る必要があると思うのです。そして、たとえ自分のささやかな経験に基づくものであっても、そのような考え方を、青少年を含め人生を真摯《しんし》に生きようとする人々に説くことができればと考えていたところ、ＰＨＰ研究所の江口克彦副社長からご依頼を頂戴しました。

「新世紀を迎え、混迷を深める社会に向けて、あなたの考えを哲学として問うべきだ」との強いお勧めを受け、呻吟《しんぎん》を重ねつつまとめていったのが本書です。

あくまでも哲学には門外漢《もんがいかん》である経営者の私見ではありますが、「素晴らしい人生を送ってほしい」という願いに端を発した本書が、混迷する現代にあって正しい生き方を懸命に模索する方々の一助となることを願ってやみません。

出版にあたっては、ＰＨＰ研究所の吉野隆雄氏、中澤直樹氏、また京セラ秘書室の大田嘉仁氏、粕谷昌志氏にたいへんお世話になりました。感謝申し上げます。

二〇〇一年十月

稲盛和夫

〔新装版〕稲盛和夫の哲学　目次

装幀　印牧真和
株式会社デザインフィル

第一章

人間の存在と生きる価値について

The value of existence and the value of living

「人間は価値ある存在なのか」「この世に生を受け、生きていく意味とはどこにあるのか」

そのように「人間」というものに対して核心をつくような問いを受けたとき、私は次のように答えています。

「地球上……いや全宇宙に存在するものすべてが、存在する必要性があって存在している。どんな微小なものであっても、不必要なものはない。人間はもちろんのこと、森羅万象《しんらばんしょう》、あらゆるものに存在する理由がある。たとえ道端に生えている雑草一本にしても、あるいは転がっている石ころ一つにしても、そこに存在する必然性があったから存在している。どんなに小さな存在であっても、その存在がなかりせば、この地球や宇宙も成り立たない。存在ということ自体に、そのくらい大きな意味がある」

これはたんに観念的に考えたことではありません。サイエンスの世界でも明らかなことです。それは宇宙を構成するエネルギーの総量は増えもしなければ減りもせず、つねに一定量を保っているという、「エネルギー不変の法則」に表われています。

たとえば、われわれがものを燃やした場合に、その物質は消えてしまいますけれども、気体になったものと燃焼して残ったものと熱エネルギーに変わっているだけで、そのエネルギーの総量は変わらない。つまり、消えてなくなったのではなく、エネルギーの総量は一定という枠のなかで、姿、形が変わっているだけなのです。

エネルギーの総量は一定なのですから、無生物であってもどんな小さなものであっても、すべてが宇宙を構成するために必要欠くべからざるものなのです。

たとえば、走ってきたダンプカーにはねられて側溝《そっこう》に落ちてしまうような道端の石ころにしても、それでも巨大な宇宙にとって存在する価値があるのです。

何百兆分の一グラムという微細なものが欠落しても、それは宇宙のバランスを崩すのです。だから、不必要なものはない。存在する以上、宇宙を構成するために必要なもの、あるいは必然として存在しているのです。

そういう意味では、どんな些細《ささい》なものといえども、不要であるはずがない。逆に何かが余計にあるということもない。それだけで宇宙のバランスが壊《こわ》れてしまうのです。

また、宇宙のなかで「存在する」ということは、あるものが自立的に存在するのではなく、すべてが相対的な関係のなかで存在するということになります。さらに考えを進めていけば、他が存在しているから自分が存在するし、自分が存在するから他が存在するという、相対的なつながりにおいて存在というものが成り立っている、ということができます。

これを「縁があって存在する」というふうにお釈迦《しゃか》様が表現しました。真の智慧《ちえ》を得た、あるいは心眼を開いたお釈迦様が悟りの境地から宇宙の成り立ちを捉《とら》えた言葉だと思います。お釈迦様は現在の最先端科学で理解されている宇宙観を、二千五百年前に見通していたのでしょう。

まさに、すべてのものは決して偶然ではなく、存在すべくして存在しているのです。この世に生まれ、存在していることは必然であり、存在するだけで価値があるのです。

ただし、人間は存在するというだけにとどまりません。知恵をもち、理性をもち、心をもっているという点で、人間は「万物《ばんぶつ》の霊《れい》長《ちょう》」といわれるように、地球上の生物のなかでもっとも進化したものですから、たんに存在するということを超える大きな価値を内在しているはずです。

それは、人間は世のため人のために貢献することができるということではないかと私は考えています。

つまり、宇宙という大きなものから見た場合には、何もしなくてもただ存在するだけで価値があるのですが、意識をもった人間、考えることのできる人間、自分を磨くことができる人間は、たんに存在する以上の価値を生みだすことができる、それが世のため人のために尽くすことができるということなのです。

積極的に、地球のために、また人類社会のために貢献したいと思い、それを実現することもできるという点では、人間にしかその可能性はないのです。

ところが、自然を征服しようとし、地球上の他の存在を踏みにじる。あるいは、他の民族を制圧しようとして、争いに明け暮れる。そうなったとき、あたら知恵があり、知識があり、考える力があり、心というものをもっているだけに、人間は恐ろしい存在になってしまいます。

存在しているだけならまだしも宇宙のためになったのに、悪い心をもてば人間はたいへんな害毒を流すことになる。そういう二面性が人間にはあるのです。ですから、人間が「人間として価値ある存在」となるためには、心、考え方、知恵、理性といった精神作用の質が大切なのです。

さて、もう少し視点を変えて、一人の人間が誕生するのは偶然なのか、必然なのかという問題を考えてみたいと思います。そうすることで、さらに人間という存在の価値が明らかになってくると思います。

たとえば、稲盛和夫という人間が生まれ、ここに存在するというのは偶然なのか、必然なのか。これも難しい問題です。たとえば、Aという父とBという母を両親にしてCという子供が生まれたとしましょう。母親Bが排出する卵子と父親Aが排出する精子の組み合わせは気が遠くなるほどの数があり、そのうちの一つが成立してCが誕生したわけです。ですから、それを偶然と考えたほうが、現代人の理性には受け入れやすい。

しかし、結果は偶然に見えますが、その人は生まれるべくして生まれたのだと考えるべきではないかと私は思っています。こんなことをいうと、「ナンセンスではないか」という反論があることは重々承知しています。しかし一人の人間が生まれ、生きていることを偶然の産物だとしたら、万物の霊長である人間の価値が無意味になってしまいます。

「たまたま生まれた」ということならば、「生まれても生まれなくてもいい」ということになります。人間はもっと価値あるものと考えるべきなのです。

もし仮に、人間にそれほどの価値がないとしても、「必然」と位置づけることによって、われわれの人間としての価値を高めていきたいと思うのです。「必然的に生まれた」と捉えることによって、生きる意義、意欲、使命というようなものが出てくるわけです。私はそういう考え方が大事だと思います。

それをあくまでも科学的に割り切って考えようとするのは、いたずらに人間の価値を蔑《ないがし》ろにするだけです。

第二章 宇宙について

The universe

人間を含め、一木一草《いちぼくいっそう》に至るまですべてが宇宙にとって価値ある存在だとすれば、そのような存在に必然性をもたらした「宇宙とは何か」ということについて、私の考えを述べたいと思います。

私は現代に生きる人間であり、また理工系の出身ですから、自分で納得するためにはどうしても科学という合理性を軸とする思考法をとります。

宇宙の生成は百五十億年ぐらい前に素粒子《そりゅうし》の塊《かたまり》が大爆発したことに始まる、というのが現在の物理学の説くところです。この大爆発は「ビッグバン」と呼ばれていて、ひと握りの超高温超高圧状態の素粒子の塊がビッグバンのあと膨張しつづけて現在の宇宙に至ったというわけです。

地球一つの質量もたいへんなものですが、その三十三万倍もある太陽があり、その太陽を中心に太陽系が構成されている。また太陽と同じような恒星《こうせい》を一千億個含んだ銀河系がある。そして、銀河系に匹敵する規模の銀河が宇宙には無数にあるというのですから、想像を絶するとてつもない質量をもった存在が宇宙に広がっていることになります。しかし、その始まりはひと握りの素粒子の塊でしかなかったのです。そしてこの宇宙は現在もまだ膨張をつづけ、刻々と広がっているといわれています。

宇宙をつくっているおおもとである素粒子は、現在、何十種類もあるといわれていますが、物理学の世界では究極の素粒子に集約できるはずだとして、さらに究明がつづけられています。

その素粒子が集まって最初にできた原子は、水素原子だと考えられています。太陽は主に水素の塊で、その水素原子の核融合により燃えているのですが、宇宙にはこのような水素を主体とする天体がたくさんあります。

ビッグバンのときに、素粒子が複数個結合して陽子をつくり、さらに複数個の素粒子が結合して中性子をつくり、さらに複数個の素粒子で中間子をつくり、この中間子の力で陽子と中性子が結合して最初の原子核を形づくり、その原子核の周りに素粒子の一種である電子がトラップされて、最初の原子すなわち水素原子が生まれたと考えられています。

そして、その水素原子同士の原子核が結合するという核融合反応を起こすことによってヘリウム原子ができ、さらに次から次へとこのような核融合が繰り返されることによって、それ以上に質量の大きい原子が生まれ、現在の宇宙を構成し、また現在の周期律表にある各種の元素が生まれてきたと現在の物理学では考えられています。

こうして宇宙が形成されてくる経過を、私は「進化」といってもよいと考えます。

「進化」というと、おもにダーウィンの唱《とな》えた生物を対象とする「進化論」を意味し、無生物の進化については誰もふれていません。そして一般には、無生物は変わらないと思われています。しかし、初期の宇宙では、先に述べたような「無生物の進化」が急激に起こっていたと考えてよいと思います。

では、どうしてこの進化が起こったのでしょうか。つまり、ビッグバンによって素粒子が素粒子のままではなく、なぜ陽子、中性子、中間子をつくり、それらがなぜ結合して原子核をつくり、そこへなぜ電子がトラップされて水素原子を構成しなければならなかったのでしょうか。さらに、その水素がなぜ核融合し、ヘリウムを生み、その後もいろいろな元素をつくりだしたのでしょうか。

この問いに対しては、「宇宙にはそういう法則がある」というように考えるべきだという意見があります。つまり、科学という視点からすれば「宇宙の法則」というものがあり、それにしたがって宇宙が生成発展してきたと考えるわけです。

しかし私は、法則があるというよりは、宇宙には森羅万象《しんらばんしょう》あらゆるものをあるがままに存在させるのではなく、それが生成発展する方向へ動かしていく流れ、すべてのものを成長発展させるような進化をうながしていく流れがあるというふうに理解しています。つまり、無機物的な法則というよりは、宇宙にはすべてのものを生成発展させ、進化をさせていく「意志」が存在するというふうに考えたほうがよいと思うのです。

これは、多くの人たちに理解してもらいやすくするために、擬人法的な手法でいっていますが、そういう捉え方が嫌いな方は、宇宙にはそういう法則があると理解されてもよいと思います。

つまり、ビッグバン後、宇宙には素粒子しかなかったにもかかわらず、そこから各種原子が生まれ、原子が結合して分子が生まれ、その分子が宇宙を構成する多くの無機物を形づくり、さらには生命を宿した生物が生まれ、現在のような人類という高度な進化をとげた生物までを含む宇宙をつくりあげていった。無機物の進化、生物の進化、すべてのものは、あらゆるものを生成発展させていこう、進化させていこうという宇宙の法則、宇宙の意志のなせる業であると私は理解しています。

それが進化をうながし、その進化のなかで素粒子が集まり原子ができ、分子ができ、のちに高分子ができ、蛋白質《たんぱくしつ》が生まれ、それによってDNAが構成されて生命というものが誕生した。生命が誕生したあとも、進化はつづいて途切れることがない。

このように、すべてのものを発展する方向へ動かしていこうとする宇宙の意志が、われわれ生物にも、石ころにも存在しているのです。いわば、宇宙の意志がすべての源になっている。そう考えてもよいのではないかと私は思います。

このことを、悟りを開いた賢人たちは、「宇宙には愛が遍在《へんざい》している」というふうに表現しました。つまり、一木一草すべて、道端の石ころ一つのなかにも愛――宇宙の意志――が存在しているというのです。

また、お釈迦様は「すべてのものに仏《ほとけ》が宿る」という言葉で語っています。

仏とは悟りを開いた状態のことで、言葉を換えると真智《しんち》、真如《しんにょ》、真《しん》我《が》となります。この真の智慧《ちえ》の根源なるものがすべてに宿るといっているのです。このことを、「山川草木悉皆成仏《さんせんそうもくしっかいじょうぶつ》」と、天台宗の教義では説明しています。山も川も草も木も、あらゆるものはみな悉《ことごと》く仏なりということです。

イスラム哲学の権威の故井筒俊彦《いづつとしひこ》さんは、瞑想《めいそう》し、悟りの境地に近いところまで到達したときに得た境地を、こんなふうにいっています。

——自分自身の意識がすべて消え、ただ自分が存在するという感覚だけになってしまった。すると、森羅万象すべてのものが自分と同じ存在としかいいようのないもので成り立っているということを直感的に感じた——。

つまり、意識がどんどん精妙になると、五感の意識はもちろんのこと、あらゆる意識が消えていくが、眠っているのではなく、厳然と目覚めた意識のなかにいる。そこでは自分が「存在する」ということが、また他のあらゆるものも存在としかいいようのないもので成り立っているのが感覚的にわかった、こういうことを語っているわけです。このように、すべてのものを成り立たせる「存在としかいいようのないもの」が、宇宙の意志だと考えていいのではないでしょうか。

その宇宙の意志を、当然われわれは誰もがもっている。そしてそれは死ということにも関係していきます。

現在では、呼吸が止まる死、心臓が止まる死、それから脳が活動をやめる死、という三つの死の定義があります。いずれにしても、それは肉体が滅びるという意味の死です。

しかし、肉体が滅びても、宇宙の意志という、存在のベースになるものは滅びません。宇宙の意志を存在の核にもっている以上、肉体の死はそのまま人間の死を意味しないと私は信じています。

第三章 意識について

Mind

精神医学という領域が生まれ、意識が医学の世界でも認知されるようになりました。しかし、それまでは「心」に関する領域は心理学が扱うだけで、医学にもち込まれることはありませんでした。

たとえば、ストレスが胃潰瘍《いかいよう》の原因になるといわれていますが、かつては「心配をしたために胃に穴が開くなんて、あり得ない」といわれていました。ところが、いまでは医学の世界でこのことを多くの人が認めています。医学の常識が変わったわけです。

実際、胃潰瘍にまで至らなくても、心配してキリキリと胃が痛んだ経験をおもちの方も多いでしょう。ストレスによってわずか一週間で胃に穴が開くこともあるといいます。

胃壁は人間の内臓のなかでももっとも強いところで、強力な胃酸に耐える強度をもっています。それほど強い胃が、心配をするだけで壊れてしまう。それは、心配するという意識が、胃壁を形成している細胞の胃酸に対する抵抗力を萎《な》えさせ、強力な胃酸、すなわち塩酸の作用によって細胞が壊されるからです。つまり、意識によって細胞そのものが破壊されるといっても間違いではありません。

経営の神様といわれた故松下幸之助さんは、「血の小便」が出るほど経営のことを心配したことがあるそうですが、胃だけではなく、われわれ人間がもっている何十兆という細胞が、われわれの意識によって活性化されたり、衰えたりするのです。このように、目には見えませんが、意識というのはたいへんな影響力があるわけです。そのため、現在では病弱な人に対して、意識を変えることによって体内の自己免疫力を高め、健康体にするという治療法があると聞いています。

「科学的」ということが現代社会では正しさの基準になっていますが、それは物質文明における科学でしかありません。精神科学、つまり意識や心に対する研究は不十分なため、まだ判断する基準としては認知されていません。私も「稲盛さん、あなたは意識といっているが、それは科学的でなくおかしい」とよくいわれます。

では、科学は意識とまったく関係ないかといえば、そうではありません。現在の科学はすべて意識の産物だと、ある人が書いています。たとえば、「空を飛びたい」という思いがあり、その意識が働いて、工夫を重ね飛行機を発明した。このように、科学もはじめに意識ありきだというのです。

私も同じく、物質文明をつくったのも、科学をつくったのも、もともとは意識だと考えています。京都大学名誉教授であり、戦後の日本を代表する哲学者であった故田中美知太郎《みちたろう》さんは、「発明発見は、証明されてサイエンスとなるが、それまでは哲学の領域だ」といっています。たとえば、ガリレオがキリスト教社会のなかで地動説を唱えて排斥を受けても「それでも地球は回っている」といったように、証明されるまでは、人間の哲学、信念でしかないのです。このように「心の作用」、つまり意識からすべてが始まっているのであり、意識というものはきわめて重要なものなのです。

では、この「意識」というものは何なのでしょうか。

大脳生理学的に捉えると、意識も、意志も、考えることも、すべて脳細胞の作用として出てくるものだということになります。しかし、それだけではなく、人間が生まれたときからすでにもっていた意識、意志というものもあるのではないかと私は思っています。

といっても、そのようなことが証明できるわけではありません。ただ、子供の発育を見ていて、不思議なことに気がつきました。生物学的に成長をとげ、脳細胞が発達すると知恵がつき、言葉を話すようになります。しかしその際、言葉を覚えて間もないのに、親もまわりの大人も教えていないようなことを話す場合があります。どうしてそんなマセたことを、三つになるかならないかの子供がいうのか、親のほうが驚いたりする。そういう現象に遭遇することがままあります。

これは非科学的な考え方だとは思いますが、脳細胞の発達によって生まれてくる意識や学習して得た知識以外に、「もともとあるもの」が子供に話をさせたのではないか、と私は推測しています。

日常的にわれわれは脳細胞の作用で口を動かして話をするわけですが、たまたま「もともとあるもの」が脳細胞を刺激して、その言葉が出てくることもありうるだろうと思うのです。

それでは「もともとあるもの」とは何か。前述したように、私は人間の根源には宇宙の意志があると考えています。私はそのうえに輪廻《りんね》転生《てんしょう》が行なわれていて、過去世《かこせい》において経験した意識を人間は引き継いでいるのではないか、それが「もともとあるもの」ではないかと考えています。

現世で積んだ経験、知識が意識として継承され、AとBという両親の卵子と精子でできあがった生命のなかに宿る。宿りますが、奥深くに入ってしまうので、なかなか表に出てくることはない。しかし、ちょっとしたきっかけで、それが間歇泉《かんけつせん》のように出てきて、子供が教えてもいないことを話すという現象が起こるのではないかと思っています。

そうだとすると、「良心の呵責《かしゃく》」とか「良心に目覚める」ということも説明できます。人間は現世に生まれてから死ぬまで経験を積みます。その経験に反応するのは全部脳細胞です。脳細胞で腹を立てたり、怒ったり、喜んだりするわけです。

それに対して、過去世から積んできた「もともとあるもの」――ここでは過去世から引き継いだ人格と考えてもいいでしょう――が、

「おい、それはおかしいではないか」と文句をいい、脳細胞の意識が「まずかったな」と反省する。それをわれわれは「良心の呵責」とか「良心に目覚める」といっているのではないかと思うのです。

宇宙の意志に過去世でつくりあげた人格がプラスされ、さらに現世でつくった経験がしみ込む。それを私は「意識体」と呼んでいます。

意識体は肉体が滅びるとき――一般にいう「死」です――に肉体から離れます。

では、死を迎えて、「あなたは現世で何をしましたか？」と尋ねられたら、どんな答えを返すでしょう。「京セラをつくって、大きな会社にした」といってみたところで、意識体にとっては肉体も何もないので、何の価値もありません。さらに財産を何千億円もっていても、これも無意味なのです。

では、何が価値あるものなのか。それは現世を生きたときにつくりあげた人格、人間性、魂、意識体です。それは肉体が滅びてもなくなることはありません。「あなたは努力され、素晴らしい人格をもつまでに自分を高めましたね」といわれることが人生の価値であると私は思います。つまり、人間性を高めるためにわれわれは現世で生きているのです。

「人間性を高める」ということを表現する他の言葉として、「心を純化する」「心を美しくする」「豊かな思いやりの心をつくる」など、いろいろありますが、私は「心を高める」という表現がいちばん適切だと思います。

このように、人生というものをひと言でいえば、「心を高めるプロセスである」といえると思います。そこでは事業が成功したとか失敗したとか、大病を患《わずら》ったとか健康だったとかといったことはすべて、後に詳しく述べますが、宇宙をつくった創造主が心を高めるために与えてくれた修練の場――仏教でいえば修行の場――でしかありません。われわれが現世で体験することは、宇宙の創造主が人格をつくるために、手を替え品を替えて、われわれに与えてくれる試練なのです。

たとえば、事業を始めた人にとっては、それが軌道に乗り、会社が大きくなっていくことが何よりも望ましいはずです。では、事業を失敗させ、会社を倒産させた人は人生の敗者なのかというと、私はそうではないと思います。創造主が人間性の向上のために役立つよう、塗《と》炭《たん》の苦しみを与え、雄々しく立ち直っていくのかどうかを試しているのです。

なかには、このような試練が役立つどころか、それに押し潰されて心がすさんでしまう人もいるでしょう。自暴自棄になって、人のものを盗んで生き延びようとしたり、挙げ句のはては自殺をしてしまう人もいるかもしれません。しかし、そのような悲劇を真正面から受けとめ、さらに努力を積み重ね、人間性の向上につなげる人もいるはずです。

失敗だけではありません。じつは成功さえも試練なのです。創造主が成功させてみて、その人を試しているのです。

成功して有頂天になり、鼻持ちならない人間に堕《だ》していく者がいる一方、成功が自分だけの力でなしえたことではないことを悟って、さらに努力を重ね、自らの人間性を高めていく人もいます。

成功にしろ失敗にしろ、宇宙の創造主がそういう試練を与えてみて、それをどうやって克服していくのかを見ている。真の勝者は、成功であれ失敗であれ、その創造主の試練をきっかけに素晴らしい心をつくった人なのです。逆に、その試練に負けた人が敗者です。

ヘレン・ケラーは「目が見えない」「耳が聞こえない」「口が利けない」という三重苦を背負っていました。両親を恨《うら》み、運命を恨み、挙げ句のはては神さえ恨んでも不思議はありません。同じ境遇に陥った人のなかには、「悪いことをしたわけではないのに、私だけがこんなに不幸な目に遭うなんて」と、あらゆるものを恨み死んでいく人もいたかもしれません。

しかし、ヘレン・ケラーは恨むどころか、その試練を見事に克服し、自分よりももっと不幸な人たちを大きな愛で助けようとしました。本当に素晴らしい人格をつくっていったのです。

宇宙の創造主は、いろいろな試練を人間に与え、それをどのように受け取って自分の心を高め、心の浄化をしていくのかを試しているのです。そう考えれば、人生はまさに心の修行をするために与えられたものだといえます。

お釈迦様は人生を「諸行無常《しょぎょうむじょう》」という言葉で語りました。すべてのものは常ならず、千変万化《せんぺんばんか》してつねに新たな試練が訪れる。それゆえに「人生は苦なり」といったわけです。

このお釈迦様がいう「苦」とは、先ほども述べたように、失敗や苦難だけでなく成功も含みます。ですから、成功も捉え方によっては一つの苦でもあると思い、それをどうにかしてよい方向に生かそうと努力すべきなのです。それを理解せず、成功してもまだ欲の塊のままでもがいているとすれば、それが本当の不幸ということになるのでしょう。

第四章 創造主について

The Creator

われわれに試練を与える創造主は、一般的に神と呼ばれることが多いように思います。日本の神話では、国づくりも含め、すべては神がつくったことになっています。

創造主を神としかいいようがないならば、そう呼んでもかまわないと私は思うのですが、すべてのものを全知全能の神がつくったというイメージは、どう考えてみても、現代人にとって納得がいかないでしょう。

そこで、人によっては「サムシング・グレート」という表現をしています。これは普通に使われている神――特定の神――とはニュアンスが異なっていて、「何ものかはわからないけれども、偉大なる存在」という意味です。それが宇宙をつくったと考えるわけです。

「サムシング・グレート」といいだしたのは、ノーベル賞をもらった科学者でした。もちろん、科学者のなかではごく少数派であり、「そんな仮定を置くのは科学的ではない」といって否定する科学者のほうが多いのは確かです。しかし、そのような存在がなければ、われわれや宇宙の存在を説明できません。

これだけの大宇宙ができあがっている以上、それをつくった偉大な何かが「ある」と肯定すべきでしょう。そうでなければ、この世界の仕組みは解けません。それを否定し、科学的に認識できる物質的なものしか信じないというから、すべてがおかしくなってしまうのです。

ただし、「創造主」と私がいい、ある人は「サムシング・グレート」といい、ある人は「神」といっているものは、不可知の領域の問題かもしれません。

できあがった宇宙は厳然としてあり、それを何ものかがつくったというところまでは理解できる。けれども、宇宙をつくった創造主がどこにいるか、それはどんなものかとなると、理解できない。そういうものなのだと考えたらよいと思います。

たとえば、人間の身体《からだ》を宇宙全体にあてはめて考えると、一細胞にあたるのが地球で、人類は一細胞のなかの一つのエレメント（要素）ということになります。一細胞の一エレメントである人間が、身体全体を理解するのは難しいことです。

現在、人間は望遠鏡で覗いて、一生懸命に宇宙全体を知ろうとしていますが、よしんばそれで宇宙全体がわかったとしても、宇宙をつくった創造主が何かはわからないかもしれません。少なくとも、現時点では宇宙全体がどうなっているかさえわからないのですから、人間が創造主を理解することは不可能です。ですから、「サムシング・グレート」とか全知全能の神という概念を置き、それは「ある」としなければ、宇宙そのものの説明さえできないのです。

さて、宇宙が創造主によって生まれ、その宇宙から人間が誕生したとすると、「絶対的なものである創造主は、ありとあらゆるものをコントロールしているのだろうか」ということに思いが至ります。たとえば、われわれは何事かを考えますが、それは自分が考えているのか、それとも宇宙の意志によって考えさせられているのか。

これについては「自分が考えている」と理解すればよい、と私は思います。

創造主は最初の意志を与えてくれただけなのです。最初の意志とは、「すべてのものを幸せな方向に進化・発展させる」という意志のことです。

千変万化する、常ならないのが宇宙の姿であり、その波瀾万丈《はらんばんじょう》の世界で、たまたまAという人はXという事態に遭遇し、Bという人はYという事態に遭遇します。この遭遇も創造主が「Xという事態をAに、Yという事態をBに」と考えて配置しているのではなく、アトランダムなものだと思うのです。

この世に遍在している宇宙の意志を「愛」と呼んでもよいと思いますが、創造主はその素晴らしい愛ですべてのものを包み込んでいます。が、それと同時に、われわれに自由というものを与えているのです。

創造主は上からすべてのものをコントロールしているのではなく、その根源なるもの――魂のなかのいちばん中心になるもの――だけを人間に与え、あとはわれわれが自由にできるようにしているのです。

この「自由」は人間にとって非常に大切なものです。そして「自由」にはよいことをする自由もある一方で、悪いことをする自由もあるのです。

われわれが自由に行動するとき、その指示は脳細胞が出します。その際に、優先順位が高いのは、お釈迦様が「煩悩《ぼんのう》」と呼んだものです。

煩悩とは、肉体を守るために必要な欲望、本能のことです。

生命が誕生し、進化をつづけていくと、生存のために自分の肉体を守る自己防衛本能が備わってきます。その一つとして、人間の欲望があるわけです。生命を維持するための食欲も、子孫を残すための性欲も、そういう種類の欲望です。そして、人間には自由があるから、欲望にしたがって行動することができるわけです。

もちろん、それには大切な意味があります。インドのガンジーのように、「殺されてもけっこうです」というような無抵抗主義をすべての人間が貫いたら、人類は滅んでしまいます。

命と肉体、さらにいえば種を守るために、他の人は一杯の飯を食べるなら、自分は三杯食べてより頑健になり、雌《めす》をめとり、たくさんの子孫を残そうという欲望をもつ。それは生存するために必要なことです。

このように、人間は肉体をもっているがゆえに、自分を大事にしたい、自分を守りたいという欲望をもち、創造主が考えたこととはまったく無関係に、自由に煩悩のままに動いてしまうのです。

言葉を換えると、創造主はすべてを愛で包んで、よきほうに進化・発展させようとしている。そしてもちろん、宇宙全体としてはよき方向に進化している。しかし自由があるために、また肉体をもつがゆえに、人間は勝手な方向に進化していったところもあるのです。

だからといって、「しようがない」とあきらめることはありません。人間には創造主の思う方向に自らを向かわせる自由もあるからです。それを行なうことが「心を高める」ことなのです。

しかし、周囲を見れば、人間はそのようなことを忘れ、欲望を追求しつづけています。飽食《ほうしょく》の時代といわれ、物質文明がこれだけ発展しているのに、人間の欲望は決して満たされません。なぜならば、欲望も肥大化していくからです。

人間は自由だから、欲望をいくらでも追求していける。ところが、それでは宇宙のためどころか、人間のためになりません。そして何よりも地球を保てません。地球環境のことを考えれば、人間は自分の欲望の追求はほどほどにして、他の動植物たちと共生していくより他に道はないのです。すなわち、足るを知って、欲望の肥大化を抑えるべきなのです。

これこそが「叡知《えいち》」です。この叡知は、もともと創造主が与えてくれた「愛」のなかに含まれているのです。多くの真面目な宗教家たちは、この叡知を自覚しています。また、地球環境の問題を通して、この叡知に気づく人たちが増えてきています。これは、人類にとって非常によい傾向だと思います。

第五章

欲望について

Desire

「人は罪の子である」といわれます。そういう考え方と、「人間はもっとも価値ある存在である」という考え方とは相容《あいい》れないように感じるかもしれません。しかし、決してそうではありません。

仏教では、罪とは煩悩が原因であり、それには六大煩悩があるということをいっています。それは「貪《とん》」「瞋《じん》」「癡《ち》」「慢《まん》」「疑《ぎ》」「見《けん》」というものです。

最初にくる「貪」とは、何でもわがものにしようとする貪欲な心です。「瞋」とは自分の勝手な振舞いで怒るような浅ましい心。「癡」とは無常である世の中を「変わらない」と考え、自分の思うとおりにならないことに対して愚痴を漏らし、不平不満を鳴らすように、仏の智慧を知らない心のことです。「慢」とは傲岸不遜《ごうがんふそん》な心、「疑」とはお釈迦様が説く真理を疑う心、「見」は物事を悪く見てしまう心です。このなかで、とくに「貪」「瞋」「癡」は人間のもつ煩悩の根元的なものとして「三毒」といわれています。

お釈迦様のいう六大煩悩は、人間がもともと生きるためにもっているもので、それがなければ肉体を保持できません。

たとえば、「疑」つまり「疑い深い」ということは、言葉を換えれば「用心深い」ということです。原始の世界にあっては、牙もない人間がジャングルのなかを生き延びるためには、できるだけ用心深く行動し、危険を未然に回避しようとすることはきわめて重要なことです。

また、食べられるときに食べておかないと、次はいつ獲物が捕れるかわからない。ひょっとすると、十日も十五日も絶食することになるかもしれない。だから、今日の分だけでなく、明日の分まで食べようとする「貪」は一種の自衛行為でもあったわけです。

つまり、煩悩はもともと、肉体をもっている人間が生きるために、創造主が備えてくれた知恵なのです。しかし、この煩悩に、創造主から与えられた自由が加わることによって悪をつくりだすことがあるのです。

自由だからといって、それを百パーセント振り回し、「何をしようといいじゃないか」と、煩悩のおもむくままに行動することも人間にはできます。しかし、自由を無制限に使えば、「これぐらい御《ぎょ》しがたい人はいない」という人間になります。欲望に任せて自由に行動してしまうことが「悪」をつくるのです。

そこで、自由を適宜抑えて、悪をなさないようにしなければならないのです。仏教ではこれを「持戒《じかい》」といいます。

また「布施《ふせ》」といって、他人を助けてあげることもお釈迦様は説いています。これは、宇宙のすべてを慈《いつく》しみ、発展させるという、創造主がもともともっていた愛につながる行為です。こうして「持戒」で自由を抑えて悪をつくらないようにし、「布施」で人様に思いやりをかけると、いわゆる菩薩《ぼさつ》になれるのです。逆に、自然のままに、煩悩に任せて自由に行動すると悪魔にもなるのです。

つまり、素晴らしい仏にもなり、極悪非道な悪魔にもなる、という両面を人間はもっているわけです。

現世とは、このような人間が心を浄化するための修行の場であり、修行によって人間性を高め、人格をつくっていくのが人生の目的です。ところが、煩悩をもち、自由をもつために、人間は放っておいたら極悪非道に堕《だ》してしまいます。そうならずに、心を高め菩薩になるための方法として、お釈迦様は「六波羅蜜《ろくはらみつ》」という修行の道を示しました。

その最初にくるのが、いま述べた「布施」、次にくるのが「持戒」です。三番目に「忍辱《にんにく》」がつづきます。「忍辱」とは、この世は無常であり、波瀾万丈に富んだ世界であり、その変化を耐え忍ぶことによって人間の心をつくっていくということです。この世の中は無常、つまり常に変移流転しています。災難に遭い、病に冒され、苦難を味わうことがある。それに耐え忍んでいくことが大事だということです。

四番目の「精進《しょうじん》」というのは、どんな生物も懸命に生きているように、人間も一生懸命働きなさいということです。植物を見ても昆虫を見ても、自然界で怠けているものは一つたりともありません。道端に生える雑草も、真夏の酷暑のなかでも、また真冬の極寒のなかでも、必死に生き延びようとしています。例外は人間だけで、怠けたり遊んだりしようとする。しかし、自然界はもともと精一杯生きるようにできているのですから、人間も全力を尽くして働かなければならないのです。

「布施」「持戒」「忍辱」「精進」の四つに努めながら、時には坐禅《ざぜん》を組んで心を鎮《しず》める、これが五番目の「禅定《ぜんじょう》」で、そうすれば最後の

「智慧《ちえ》」に至る――つまり、宇宙の真理、悟りに至る――と、お釈迦様は教えているわけです。

先に述べたように、人間性を高めてこの世を終わるのが、人生の究極の目的になります。お釈迦様は悟りまで行けといわれるのですが、悟りの境地は無限大です。一気に悟りまで行ける人は幸せですが、それは何百万人に一人しかいないでしょう。

だからといって、「どうせ悟りが開けないなら、同じではないか」と思ったら間違いです。そうではありません。私なりに解釈すると、お釈迦様は人間の心が少しでもきれいになることを望んだのだと思います。したがって、死ぬまでのあいだに少しずつでも心がきれいになっていくことが大切なのです。

具体的にいえば、死ぬとき――意識体が肉体と分離していくとき――に、「あの人の人柄はよかった」「あの人はいい人だった」とみんなから偲《しの》ばれるような人間になることを、人生の目標、目的に据えるべきだと思います。

死ぬときまでにどれだけ人格、品性を高めたか、そのことだけが人生の勲章であり、事業で成功する、学問で博士号をとる、組織で高い地位に就くなどということはあまり価値がないのです。また、そう思うと気が楽にもなります。

貧乏であっても、病気をしていても、自分の心を鎮め、少しでも高い人間性をつくっていこうとすることは誰でもできるはずです。

普通なら、貧乏や病気になれば心がすさむでしょう。しかし、「貧乏でもいいではないか、三度三度の飯がなんとか食べられるのだから」と思ってみれば、人生観はいっぺんに変わります。生きる勇気が湧いてきます。

反対に、恵まれた境遇にありながら、心は貧しく、自分の財産が減ることを何よりも恐れているような人がいます。そういう生き方には値打ちも魅力もありません。そのような人は、本当の意味での人生の目的から遠のいていくだけなのです。

第六章 意識体と魂について

Mind and soul

意識とは何か。たとえば、頬をつねると「痛い！」と感じるのも意識です。これは、皮膚にある神経の反応を脳細胞がキャッチして「痛い」という意識が生じるからです。そういう肉体に付属する意識もあれば、先ほども述べたように、人間がもともともっている意識もあるのではないかと思います。いわば過去世《かこせい》の意識、記憶のことです。

記憶は、脳にあるニューロンのなかでメモリーとして残っていると一般にはいわれていますが、本当でしょうか。

以前、小学校の同窓会に行ったときに、「五十年前の何月何日、こんなことをした」ということや、そのときの先生の表情まで覚えている人がいて、驚きました。それらがすべてニューロンのなかで保管されているといわれて、そうかもしれないと思う半面、本当だろうかとも思うのです。

なにしろ歳《とし》をとると日々、脳細胞は減っていきますし、有機物のニューロンが五十年も保《も》つというのは簡単に信じられません。

では、どのようにして記憶が残るかというと、私は脳細胞で反応したものが先ほど述べた意識体にしみ込み、引き継がれているのではないかと考えています。つまり、意識体というものに記憶が死ぬ直前まで積もり積もっていくわけです。

「過去世」「意識体」「魂」などというと、眉をひそめる人がいるかもしれません。しかし、私は魂というものを信じています。そして、肉体が死んだときに魂——あるいは意識体——が肉体から分離すると思っています。意識は肉体とともに滅んでしまうのではなく、肉体とは別の次元で存在しているような気がするのです。

コンピュータになぞらえて考えれば、意識体というものがもっと明確にわかるような気がします。コンピュータはハードだけでは動かず、ソフトが必要ですが、人間にとっては肉体がハードであり、そこに意識体というソフトが入って初めて機能するということだと思います。

また、意識は電波のように放射しているのではないかと思います。古くより以心伝心という現象があり、テレパシーとか、虫の知らせということもよくいわれているからです。

しかし、その意識の正体までは見当がつきません。また、肉体を離れた意識体がどこへ行くのかという行く先もわかりません。ただ、意識体は宇宙の意志と同じような存在ですから、宇宙に遍在しているのではないかと想像しています。また、肉体と分離した意識体は、転生して別の肉体に引き継がれるとも考えています。

私はこの「意識体」という言葉をしきりに使いますが、これを魂や霊魂と同様に考えていただいてもかまいません。ではなぜ、わざわざ「意識体」という言葉を使うのか。それは「魂」というとあまりに抽象的なものになってしまい、誤解を与えかねないからです。

ところで、肉体の死によって意識体が肉体から離れるということについて、臨死体験を書いた文章を読んでみると興味深い話が出てきます。

――臨終《りんじゅう》のときに自分が横たわっている姿を上から見ていた。医者が自分の身体に触って、「ご臨終です」といった。まわりの家族が泣きだす。「オレはまだ生きている。何を泣くんだ」といっているうちに気がついた——。

こういう例はいくらでもあります。このことは科学的には証明できませんが、その数の多さを考えると、一概に否定できるものではありません。

じつは、私の知り合いにも臨死体験をした人がいます。彼は夜中に自宅で心臓発作を起こして倒れました。奥さんが救急車を呼んで病院に担ぎ込まれたあと、心臓が止まってしまった。そこで電気ショックを与えたところ、三回目ぐらいで蘇生《そせい》したそうです。

翌朝、知らせを聞いた私は病院に見舞いに行きました。本人の意識ははっきりしていて、大事に至らなかったことがわかりました。「たいへんだったね」といいましたら、自分の臨死体験を話してくれました。

家で気分が悪くなって倒れ、救急車に乗せられ、病院まで運ばれたこと、心臓が止まったこと、集中治療室で心臓が動かないと医者や看護婦があわてていることを覚えているというのです。とくにおもしろいのは次のような話でした。——最初は苦しかったけれども、そのうちに気分がよくなり、気がついたら花園のなかを歩いていた。向こうからあなたがやってきて、「お前は何をしているんだ」といった。ハッと気がついたときに、電気ショックで心臓が動きだした——。

それは本当にリアルな体験だった、と彼はいっていました。

心臓発作で倒れ、心臓が止まり、一般的にいえば意識がなくなった。それでも当時のことを覚えている。これが、肉体とは別に意識体があってもおかしくないと私が思う一つの理由です。

これだけではありません。たとえば、現代医学で催眠療法という手法が使われています。患者に催眠術をかけて、自然治癒力を増したり、痛みをやわらげたり、免疫力を高めたりするのです。

この治療法のなかに「退行催眠」といって、催眠状態で意識を過去へさかのぼらせていく、一種の心理療法があります。その例を見ますと、生まれてくるときに母親のお腹のなかから産道を抜けて出てくる状態まで意識を戻し、苦しかった感覚を表現させたりしています。さらには、生が宿る前、つまり過去世までさかのぼらせるという実験も行なわれています。

そのことを記した本によると、催眠のなかで明らかに過去世を思い出している事例が出てきます。

たとえば、過去世で古代ギリシア人だったという人は、ギリシアに行ったこともないのに、催眠状態で古代ギリシア語を話しはじめたといいます。こういうことも数多くの実例があり、それは過去世を経験した意識体が存在しているから、としか説明がつきません。

こんな話もあります。ある霊能力者と呼ばれる人のエピソードです。霊能力者などというといかがわしいと思われるかもしれませんが、この人は文学博士号をもち、神社の宮司《ぐうじ》でもあるという方です。

彼は意識を集中してある状態に入ると、相手の過去世が見えるという不思議な能力があるといわれています。

あるとき彼が、一人の信者さんの悩みの原因が過去世にありそうだというので、悩みを解いてあげるためにその力を使ったところ、過去世ではいつどこにいて、何とかという氏姓を名乗った豪族の一人だったが、ある大きな戦いがあり、そこで人を殺してしまった、それが現在の禍《わざわい》のもとになっていると説明したというのです。

しかし、そういわれても、遠い昔にそんな戦いがあったという史実はなく、誰も本気では信じていませんでした。ところが数年後、高速道路を造る工事中に、その霊能力者が見たという場所に実際に城や戦いの跡が出てきた。史料にもない遺跡なので、郷土史家も驚き、郷土史に新しい一ページを加えることになったそうです。過去世をもった

「意識体」がなければ、その人にそういうことを語りかけてもくれないはずです。

もっと身近な例をあげると、私も人の親ですが、子供と話していて、「どう見ても、これはうちの子の発言とは思えない」と感じることがあります。二人の親から形質を遺伝的に受け継いで、顔は似ています、癖も似ています、いうこともだいたい似ています。けれども、たまに親の感覚とはまったく異質なことをいいだすことがあるのです。そのとき私は「これはうちの子かな」と驚くのですが、そのようなことがたまに現われては消えるのです。

また、子供が三人いれば、三人とも性格がまったく違うのも、考えさせられるものがあります。同じように育てていても違ってくる。その違いは少しではなくて、根本的に違うことがあるのです。

せっかちな子がいれば、同じ兄弟とは思えないほど鷹揚《おうよう》な子がいたりします。また、トンビが鷹を生むといわれるように、親からは考えられない能力をもった子供が生まれることだってあります。

これは何なのかといえば、過去世の経験をもった意識体が赤ん坊のなかに浸透しているからではないかと思うのです。

人間が死んだらどうなるかということに関して、三十年ほど前に大阪大学の先生が書いた本があります。そこでは、人間が死んだらいわゆる「魂」がウイルス状になって浮遊するという説が述べてありました。亡くなったお祖父さんに非常によく似た孫が生まれるというのは、浮遊しているウイルスが入ったからであるというのです。

おもしろい説ではありますが、私はそのような考えをとりません。人間が現世に生きているあいだ、いろいろな試練に遭遇し、それが意識体に蓄積される。そしてその人の死後、その人の意識体が別の人間に転生するのではないかと思っています。

なぜ転生するか。それは現世でつくりあげた人格が不十分で、次の現世でもっと心を磨きあげる必要があるためです。

たとえば、ある意識体がお金持ちの家の赤ちゃんに宿ったとします。「蝶よ、花よ」と育てられ、修行するどころか、望むとおりに何でも自由にできたために、結局、煩悩にまみれて、死ぬときには生まれ出てきたときより人間性が悪くなっていた。このような場合に、意識体は再び新しい生命に宿って現世に出てきて、新たな修行をすることになります。

そういうことの繰り返しで人間性を高めていき、ついには神々《こうごう》しいといわれるような如来《にょらい》のレベルまで心が美しくなっていく。そこまで行くと、仏教では輪廻転生《りんねてんしょう》をしないといわれています。

そのように、意識体というものは自分だけで終わるのではなく、次に自分が生まれ変わるものに移っていきます。したがって、自分の心、品格、人格を高めていくことは、たんに自分一個だけの問題ではなく、次の代に対する責任でもあるのです。

第七章

科学について

Science

現在のサイエンティストたちは、植物や動物の進化について、「突然変異によって発生する個体のなかで、環境にもっとも適応したものが生き残っていく」というダーウィンの進化論が正しいと考えています。私は専門家ではありませんが、この考え方に異論を唱えたいと思います。

先日、京都大学の原子物理学や宇宙物理学の先生方とお話ししていたところ、彼らもやはりダーウィンの進化論を主張しました。そのとき私は、昆虫の擬態を例に取って意見を申しあげました。

「昆虫のなかに枯れ葉や枝そっくりに見える姿をしたものがある。突然変異でいろいろなものが生まれ、そのなかで環境に適応した種が生き残ったというが、何も枯れ葉に似なくてもいいはずだし、またそうだとしても、あれほど枯れ葉そっくりの姿になるものだろうか」

するると、先生方は、「想像を絶する長い時間と広い空間のなかでは起こりうるのだ」と確率論で結論を出そうとします。これに対して、私は再び反論しました。

「生命の危機にさらされているなかで、なんとか天敵から逃れたい、身を守りたいと昆虫は強く思ったのではないか。そして、その方法として枯れ葉のようになって助かりたいと願い、その意識がＤＮＡの変異を起こさせたのではないか」

科学の進歩にしても、先ほども述べたように、先駆者の「こうしたい、ああしたい」という意識が働いた結果、実現したのです。このように、科学も意識の産物なら、生物の進化も意識の産物ではないかと思うのです。

DNAは利己的——つまり、自分の種を残したいという一心で生きている——と語る分子生物学者がいます。しかし、何かの衝撃によって突然遺伝子の組み換えが起こるという偶然性だけで進化を物語っていいものかどうか。DNAの配列が何か偶然に少し変わったためにガンになるケースがあるといわれますが、意識によってDNAの配列が変わってしまい、それによって発ガンすることだってありうるわけです。

私は、DNAは外部の要因だけで突然変異するのではなく、意識体、意識というものも内側から影響を及ぼしているのだと思います。

たとえば、象の鼻が長いのは「たまたま長くなった鼻をもった象が環境に適応して生き残った」とするのが進化論の考え方です。では、その地域に住む動物がみんな鼻が長いかといえば、象だけが長いのです。

しかも、象が鼻で草をつかんで口に運んでいるのを見ていると、不自由そうに見えます。どうも環境に適応したとはいいがたい動きで、鼻が長くなる必要があまり感じられません。やはり私は、象は鼻が長くなりたいと思ったのではないかと考えたくなります。

キリンにしてもそうでしょう。高いところにあるエサを食べるのに長い首が適したというのであれば、その地域の動物がすべてキリンのように首が長くなってもいいはずです。しかし、アフリカのサバンナで首が長い動物はキリンだけです。

人間の世界でも、われわれは「こうしたい」「ああしたい」と意識しているから「向上」という変化が生まれます。また、「職業顔」というものもあります。刑事は刑事の目つきになり、泥棒は泥棒のような目つきになる。職業意識が風貌を変えているのです。それどころか、私が子供のころには、「顔に心が出る」といって、心をきれいにしないと顔つきまでおかしくなると注意されていました。

その心というものを私は意識体と表現したわけですが、意識というものでDNAまで変わるというのが私の考え方です。

それには、短時間にDNAを変えていく場合も、長時間かかって変えていく場合もあるでしょう。昆虫の擬態や象の長い鼻、キリンの長い首は、かなりの時間をかけて、意識が姿を変えさせたのではないでしょうか。

この考え方は進化論に真っ向から挑戦するものであり、「非科学的」という烙印《らくいん》を押されるかもしれません。しかし私は、必ずしも進化論が正しいとはいえないだろうし、さらに現在の科学であらゆることが説明できるとも考えていません。

また、現代社会では、物事を科学的に解釈することばかりに重きを置き、「よき人間、よき世の中をつくっていくためには、どういう考え方をし、いかなる哲学を樹立したらよいか」ということが忘れられているのではないかと思います。

科学的かどうかという枠組みを第一義にするのではなく、「どういう考え方が人間にとって、あるいは宇宙にとって必要か」という視点で考えるべきではないでしょうか。現在は、この視点での議論がないに等しく、たとえそのような視点をもち出して議論しようとしても、「科学的でない」というひと言ですませられてしまいます。しかし、現在の科学が絶対的な真実を導くとはいえないのです。

たとえば、最小の物質として最初に原子が見出されました。ところが、素粒子が発見されると、原子は最小物質ではなくなりました。その後も研究が進み、いまは素粒子の一種であるクォークがもっとも小さい物質といわれています。

これは「正しい」と科学的に証明されたことでも、その後の科学の発展で否定されることもあるという一例です。結局、科学は「現在においてわかっている範囲での事実」を示すのであって、それですべてが正しく説明できたり、それが真実というわけではありません。

麻酔の専門家で博士号をもっている青山圭秀《まさひで》さんが、麻酔の仕組みは科学的に解明されていないと書いていました。ある薬を使うと、そのメカニズムは解明できないが、意識が止まってしまう。これは厳然たる事実であって医療行為として認められている。しかし、その理由は理論的にはまだ解明されていないと述べているのです。

麻酔はいちばんシンプルな感覚である痛みを感じなくさせるのですから、意識の基本的なレベルで機能していると考えられます。しかし、そのことが科学ではまだ説明がつかないのです。

精神療法で抗鬱剤《こううつざい》と同じ効果を出すことも可能だと聞きます。また、ある実験では風邪薬の代わりに小麦粉を渡したら三分の一の人が治ったとも聞きます。これは薬を飲めば治るものだという意識が病気を治したのだと思えます。

このような意識の働きを、現在の科学で捉えることは不可能です。科学の側が現在の段階で意識の働きなどを証明する方法論をもてないだけかもしれないのに、それを非科学的といって切り捨てるのはおかしいのではないでしょうか。

また、科学的と称して、小さな事実を確認し、議論して積み上げていったとしても、それで全体がわかるとはかぎりません。小さな部品はきちんとつくった。それを集めて組み立て、機械をつくった。では、その機械が動くかといったら、動かない場合もあります。機械をつくるには機械全体を考えないといけないのです。

そういう観点から考えると、人間や宇宙の全体を考えるためには、創造主の視点から見ることが必要になります。

細かいことをいじくり回していては、決して全体の正しい姿は理解できません。いまの科学、あるいはいまの学者たちの議論には、部分を論じて全体を見失っている面があるように感じます。全体を見回して、世の中がよくなるためにはどういう考え方をしたらよいかという「創造主の視点」が、なおさら現代の社会では必要になっているのだと思います。

第八章

人間の本性について

Human nature

「人間の本性は善であるか否か」がしばしば問われ、「性善説」と「性悪説」に分かれ、議論が展開されます。しかし、私は人間の本性とは、「善でも悪でもない」と考えています。

先にも述べたように、肉体をもってこの世に生まれてきた人間は、肉体を維持するために六大煩悩を授かるのと同時に自由を手に入れています。

煩悩とは欲望から生じるものですが、原始的な人間の状態では、まず「食」が優先事項でしょう。食糧を得ないと肉体を維持できません。ですから、自分自身が食を十分得られ、自分の家族にも十分に食を与えることができれば、まずは幸せということになります。

ところで、その人間は一人で、あるいは自分と家族だけで、この世を生きているわけではありません。ジャングルのなかであれ、社会であれ、隣人がいます。しかし、みんなが自由である以上、欲望を満たすために、横にいる人が自分の食糧を奪ってしまうかもしれないのです。そうであるならば、自分が十分な食を得て幸せでありたいと思って、欲望のままに行動することによって、他人に不幸をもたらす可能性もあるわけです。

その可能性を実際に追求したときが悪です。つまり、自由があるといって自分勝手に振舞えば、周囲にいる人に不自由を強《し》いることになる。自分が自由を謳歌《おうか》すると、他人が不自由になる。人間は、自由であるがために知らないうちに他人に対しては悪をなすことがあるのです。

極悪非道な人間というのは、だいたいにおいて自分の欲望を極限まで広げ、自分だけが自由を謳歌しようとしている人です。こういう他人のことを何も考えない人は、自然に悪をなす可能性がきわめて高いのです。しかし、本人に悪《あ》しきことをしたという意識がないものですから、なおさら始末に困るのです。

お釈迦様は、自分が本能むき出しのままに生きれば、つまり自由でありすぎれば悪をなすことがあると知って、「本能を抑えること」「欲望を抑えること」「足るを知ること」「持戒をすること」を説きました。

その教えのとおり、自分の本能、欲望を制御できる人が悪をなさない人であり、また本能、欲望を抑えるだけではなく、積極的に他人を助けてあげようとする心をもった人は善をなす人といえるでしょう。

結局人間は、その人の意識と行動によって、よき方向にも悪しき方向にも進むのです。つまり、人間は生きていく以上、自由であるがゆえに悪をつくる可能性が十分あるのです。しかし、自分を抑えることによって、悪をつくらず、善をなすこともできるのです。このように、もともと性善か性悪かという発想を超えて、人間は自由を手に入れたがゆえに、その自由の使い方によって悪にもなり善にもなるということを理解することが必要だと思います。

心を高めようとすれば――つまり欲望を抑え、積極的にみんなに善きことをしようとすれば、人間は善になります。そういう意識に目覚め、持戒や利他《りた》に努め、自分の心を高めていこうとすると、だんだんと善をなしていくはずです。

ただし、冒頭に述べたように、人間は存在するだけでも価値があります。たとえ悪をなしたとしても価値はあるのです。といっても、それは無生物や植物や動物と同じように、宇宙を構成する一部というレベルでの価値でしかありません。

植物の場合でも、「かずら」のように成長して別の植物の上に覆《おお》いかぶさり、光を遮《さえぎ》り本体の植物を枯らすものもあります。動物の場合でも、肉食動物は自分が生きるために他の生物を殺して食べます。自分が生き残るために相手を犠牲にするのです。

しかし、このことは本当の悪ではありません。それぞれが精一杯生き延びようとし、他に与える影響までは考えないで自由に生きている結果として、他の生きものを犠牲にしているのです。ある意味では、自由であるがゆえに、自然界において必死に生きようとするそのことが、相手に対して悪をなしているという見方をしてもよいと思います。

人類もいま、地球に対し、また他の動植物に対して、あまりにも自由に振舞ったために、自然環境という大きな存在からしっぺ返しを受けつつある、あるいはもっと大きな罰を与えられようとしているのではないでしょうか。環境問題も含めて、「目覚めよ、人間」と呼びかけられているような気がします。

先ほども述べましたように、考える力、心というものをもっている人間は、地球上でもっとも価値ある存在といっても過言ではありません。人間が万物の頂点に立っていることは紛れもない事実です。人間の考え方、行動は万物に大きな影響を及ぼし、もし誤った考え方、行動をとれば、母なる地球にまで大きなダメージを与えます。

人間に求められるものは、もっとも価値ある存在としての誇りと、それに伴う責任なのです。

ところが現実には、人間はその責任を果たさず、他の存在を踏みにじっています。他の動物を殺し、自然環境を破壊する。どうしてそんなことを平気でするのでしょうか。

私は、「人間が他の生命、他の動物と同じ存在」とする考え方が、結局は人間の価値を低からしめることになっているように感じます。もっとも価値ある存在だということをもっと強調して、その誇りに伴う責任を自覚するよう、私たちは自分自身に対する見方を変えていかなければいけません。

このようなことに目覚めた多くの人たちが、警鐘を鳴らしはじめています。少しでも多くの人間が、「せっかくこの世に生まれたのだから、世のため人のために尽くそう」と積極的に社会に貢献する思いを抱いてほしいと願っています。

人間は「地球全体のことを思うこと」ができる唯一の生きものです。他の動物、植物にはそれはできません。だからこそ、人間が価値ある存在として、世のため人のために一生懸命努力するという使命を果たすことが大切なのです。

第九章 自由について

Freedom

ヨーロッパでは、神と悪魔が存在し、悪魔が悪行をなし、神が人々を救う、とみんな考えていました。善と悪の二つの葛藤《かっとう》のなかでこの世の中ができあがっているという捉え方です。私も子供のころ、そのように考えていたのですが、あるときふと疑問に思いました。それは、神という素晴らしい存在が、なぜ悪をつくったのか、ということです。

悪は人間を戒《いまし》めるためにあるという説もありますが、純粋で美しい心をもった存在が神なのだから、世の中は善ばかりでいいはずなのに、なぜ悪がなければならないのか。

この疑問は長いあいだ私の頭を離れなかったのですが、あるとき、悪はわれわれのつくりだした影ではないかと考え、それで疑問は氷解しました。もともと悪があるのではなく、人間が生きていくために、結果として悪を自分でつくってしまっているのだと考えたわけです。

では、悪という影を生じさせるものは何か。それは「自由」だと私は考えています。自由は、人間が人間らしく発展してきた基《もとい》であり、本質的に大事なことです。そのいちばん大事な自由が、じつは人間が悪を生みだす原因の一つなのです。先に述べたように、自分自身が自由でありたければ、他の人に不自由を強いることになります。こうして、自分が自由を謳歌する影として悪が生じるわけです。

尊い自由が使いようによっては悪をなすという意味では、たとえていえば包丁のようなものでしょう。使いようによっては人を殺す道具にもなるし、人間の食を支える道具にもなる。ですから私は、自由そのものは肯定しますが、その使い方には十分に気をつけなければならないと思います。

そのようなことを考えるとき、昨今の世相のすさみ具合には想像を絶するものがあります。十七歳の少年による殺人事件が続発し、社会に大きな衝撃を与えましたが、未成年による凶悪犯罪が日常茶飯事のように報道されるのを見ていると、暗澹《あんたん》とした気持ちになります。

もっとも、それは日本人だけの問題ではありません。アメリカでも小学生が拳銃をもって学校へ行き、友だちを撃ち殺すというような事件がたびたび起こっていますから、先進国に共通する問題なのだと思います。

では、なぜ子供たちが凶悪な犯罪に手を染めるのでしょうか。それは、現代の子供たちは自由をほしいままにしているからだ、と私は考えています。そのような状況では自己の欲望は抑制されません。その結果、悪をなすのです。物質文明が発達し、豊かになった社会で、甘やかし放題で育てられた子供が大きな悪を働く理由は、そこにあると思います。

この問題に立ち向かうために必要なことは「目覚め」です。お釈迦様は人間を目覚めさせ、人間の心を高めていくために六波羅蜜《ろくはらみつ》という修行を示しました。先に述べたように、人様のために尽くしなさい（布施《ふせ》）、足るを知って戒律を守りなさい（持戒《じかい》）、耐え忍びなさい（忍辱《にんにく》）、働きなさい（精進《しょうじん》）、心を鎮めなさい（禅定《ぜんじょう》）、そうすれば智慧《ちえ》に至る（智慧《ちえ》）、といったことをいわれたわけです。

もっとも、このことはお釈迦様が誕生する以前に、自然界が教えていました。われわれ人類が森林や荒れ野を駆けめぐって、自分の家族のために食糧をとってきた狩猟採集の時代から、牧畜農耕の時代までは、人類はつねに生存の危機と隣り合わせで生きてきたからです。獲物がとれなかったら三日も四日も食べられない。農業で食を得るようになると、狩猟採集の時代に比べてはるかに生活は安定しましたが、それでも日照りがつづいて飢饉《ききん》になれば、たいへんな数の餓死者が出ました。このような生存の危機が一般的であったのです。

このように、非常に厳しい自然環境のなかで、「一生懸命に働かなければ生きていけない」という「精進」の大切さは、変わらない真理としてみんなが知っていたのです。また、干魃《かんばつ》や大雨、台風などによる自然災害が起こったとき、いかに人間は無力かをみんな経験していました。その経験は「よいときばかりではないから、災難がきたら耐え忍べ」という「忍辱」の教訓になりました。さらに、食糧があるからといって好きなだけ食べるのではなく、節制して蓄え、将来に備えるという知恵も出てきたのです。

また、自分が苦しいときもあるのだから、隣の人が苦しんでいれば助けてあげるということも、厳しい自然環境のなかを生きていくうえで人間は習得していきました。たとえば日本でも、戦後しばらくまでは、美味しいものが手に入ると隣近所におすそ分けする習慣が残っていたように思います。

それは一種の「布施」なのです。このような習慣は自然が教えてくれたものであり、そのような行動を通して人間は心をつくり、結果として悪をなさないようにしてきたのです。

ところが、物質的に豊かになってくると、人間は自然が教えてくれたことを忘れがちになります。二千五百年前のインドでもそのような状況になり、お釈迦様は教義として六波羅蜜のような生きる知恵を人々に授けたのだろうと思います。

いまの日本がまさにそうです。経済的に豊かになり、一生懸命働かなくても普通の生活はできるようになりました。ですから、就職して拘束されるよりも、フリーターとして働きたいときに働いて、あとは遊んでいればよい、「精進」も「持戒」も関係ない、ましてや「忍辱」など考えたこともない、そのような人が増えてきました。

そこでは人間の心をつくる行為が全部否定されています。

貧しい発展途上国に日本のような未成年の凶悪犯罪はあまりないはずです。貧しい国では、子供のころから親を助けて働かざるを得ません。それは貧しい環境が心を磨かせているということです。国連の児童憲章では、子供を働かせるのは人権を無視していることになるので、児童の人権を守ろうと主張しています。これはこれで意義あることですが、一方で自然界が人間に与えた「試練」の大切さについてもよく考えるべきだと思います。

少年の凶悪犯罪のもう一つの原因として、戦後、教育の場で「自由こそ大事だ」と教えてきたということもあると思います。先に述べたように、自分にとっての自由が他人に悪を及ぼすことがあります。しかし、そのことは戦後教育のなかでは一切語られることなく、とくに最近では「自由がいちばん重要であり、子供の自主性を尊重すべきである」という方針で教育が行なわれています。

しかし、まだ個が形成されていない幼稚園のときから自主性を尊重するというのは、勝手気ままに育てることと同じです。私は、そういう教育の結果が、何歳になっても自己の欲望を抑えられない子供たちを生むことにつながっている、だから十七歳の凶悪犯罪は起こるべくして起こっている現象だと思うのです。

メディアの報道や有識者の議論を見ると、最近の青少年の凶悪犯罪の真の原因がまだわかっていないように感じます。私は、これまで述べたように、真面目に働くこと、苦労すること、辛抱すること、人のために貢献することがなくなり、無制限の自由が氾濫《はんらん》したことがその原因であろうと思っています。したがって、それを抑制することの大切さと、どうすればそうできるかを子供たちに教えてあげなくてはならないと感じています。

人を助けるという「布施」、やってはならないことを示した「持戒」、この二つは少なくとも子供たちに教育しなくてはなりません。努力をするという「精進」、耐え忍ぶという「忍辱」の二つは自分で身につける必要があります。「禅定」――心を鎮める――ということもお釈迦様はいわれていて、それも大切なのですが、私は若い人たちには、とくに「布施」と「持戒」の二つを教える必要があると思います。

第十章　若者の犯罪について

Juvenile crime

近年、青少年による犯罪が急増しています。捕えてみると、犯人は普段は礼儀正しい少年であり、家庭環境もそれほど悪くない。場合によっては、経済的には恵まれているケースも多々あります。

しかし、かつて日本が貧しいとき、子供たちはみんな自由を抑圧され、押さえつけられていました。そしてそのころは今日のような問題は起きていなかったのです。

それは、大人とのふれ合いや子供同士のふれ合いを通して、普段から自分を抑える訓練がなされていたためであろうと思います。いまは家族とも、友だちともふれ合わなくなった。そのため、自分をどうコントロールすればいいのかわからないのだろうと思います。

実際、兄弟も少なくなっています。そのため、お父さんがケーキを一つ買ってきたら、一人っ子は全部自分のものになります。ところが、五人兄弟だったら五つに分けることになる。完璧には五等分できませんから、大小ができる。すると、いちばん下の子はいちばん小さいケーキ、いちばん上の子はいちばん大きいケーキを取る。下の子が欲張って上の子のように大きいケーキがほしいといったら怒られます。

その代わり、大掃除のときはいちばん上の子の仕事が多くなり、いちばん下の子はほとんど何もしなくてよい。兄弟がいれば、そういうふうに我慢したり、ときには助け合ったりして、自分をコントロールしながら生活しなければなりません。

つまり、家庭のなか、兄弟関係のなかに規律があり、そこで自然と訓練されていたのです。「すき焼きを通じて競争と遠慮を覚えた」といった人がいますが、人の輪のなかで生活が営まれることを通して、人間関係の築き方や社会人としてのベーシックなルールを自然に学んでいたのです。

最近の若者は「心が荒れている」とよくいわれ、「心の問題」を指摘する先生方も大勢います。しかし、「心の問題」といいながら、荒れた心をどうするのかと聞くと、「心の大切さを伝える」「カウンセリングする」、あるいは「病んだ心を治療する」というような通り一遍の答えしか返ってきません。つまり、どうすれば心の教育ができるかはわかっていないのです。

一方、「発展途上国には十七歳の問題はありません」という人もいます。また、「貧しい家庭から荒れた子供は出ない」ともいわれます。貧乏な生活をしていたら、子供が悪くなってもおかしくないはずですが、かえって豊かな家の子供のほうが悪いことをする。

明治、大正、昭和のはじめ、それから戦後しばらくのあいだ、日本が貧しい時代には、子供でも何かしら働かなければ一家が生活できなかった。子供だからみんな遊びたいし、やんちゃもしたい。それでも親に叱られ、手伝えといわれて頑張った。そのことによって、子供は子供なりに自分の欲望を抑えることを覚え――これは「持戒」といってもよいでしょう――、働かなければならなかったがゆえに「精進」の大切さを知り、辛抱すること――これは「忍辱」に通じます――の三つを通して、心を磨いていきました。つまり、働かざるを得ない、また欲望を抑えることを学んだ、さらに辛抱した、そのことが貧しい家庭の子供がかえって大きな成功を収めていくことにつながっていったのです。

心がすさんできたというのは、この三つの心をつくる作業をわれわれが見失ってしまっているからです。青少年の問題で最初に考えるべきは、「心というものをつくるために何をなすべきか」であり、基本となるのは「われわれ人間は自己の欲望を抑え、辛抱をし、そして働くということが、心をつくるために必要なことだ」ということを教えることです。

それを教えないで、たんに「心がすさんできた。だから十七歳の問題が起きた」という。さらに「十七歳の問題が起きたから、心の問題を考えなければいけない」ともいう。しかし、誰もそのようなことが起こった理由まで真剣に考えようとしていないのではないでしょうか。

青少年の問題ではもう一つ、現在の学校教育の問題があります。それは先にも述べましたが、「自由な個性を育てましょう」という方針です。この方針にしたがって、子供のころから「自主性を尊重しよう」「教え込むのではなく、自発的にやらせましょう」という教育をしています。しかし、それでは人間の心をつくることはできません。

お釈迦様は「持戒」――戒律を守れ――ということをいいました。戒律を守り「やってはいけないこと」はやらない。これは当たり前のことです。しかし、「やってはいけないこと」と「やってよいこと」

がわかっていないと、「持戒」は実行できません。そして、それは教えなければわからないのです。

だから、仏教では「これをやったら死んで地獄へ行きますよ」という方便《ほうべん》を使って人々を教育しました。人々は震えあがって、「これは一生懸命守らなければいけない」と思った。ところが、現在の教育では、何も知らない子供たちに自発性とか自主性というだけで、肝心の「やってよいこと」「悪いこと」、つまり戒律を教えていません。

なかには「子供は純真だから、教えなくても善悪はわかる」という人もいます。しかし、私から見れば、子供は決してそうではありません。本能を抑えるものがない、エゴ丸出しの動物のようなものです。

太古のように厳しい自然のなかで生きるのであれば、自然が「やってよいこと」と「やってはいけないこと」を生活を通して教えてくれます。また、それが習得できない者は生き延びることができません。しかし、豊かになった現代社会では、それは通じません。だからこそ教育を通じて、「人間としてやってよいことと悪いこと」をきちんと子供のときに教えなければならないのです。

第十一章

人生の目的について

The purpose of life

普通、人が現世に生きていることを実感し、それを意識しはじめるのは、物心《ものごころ》がついたあとです。生まれてから物心がつくまでのあいだは、何のために現世に生を受けたか意識していません。また、物心がついてからもしばらくは、両親の庇護《ひご》のもとで、ただ生きるのに精一杯です。人間はようやく十二、三歳ごろから人生というものを考えはじめるのでしょう。

人によって違いますが、そのきっかけは両親や先生などからの影響が大きいのではないでしょうか。「人生の目的を明確にして、大きな志を立て、それに向かって挑戦しなさい」というようなことをいわれ、その教えに沿って人生の目的を構築する。多くの場合、「よく勉強して、いい学校に行って、偉くなる」という立身出世を是《ぜ》とする人生設計を示され、本人もその気で勉強するのだろうと思います。

勉強のできる子はその道を一生懸命歩きます。そして、立身出世のために努力しているうちに、それが本当に人生の目的となります。一方、勉強のできない子は途中で若干挫折感を味わいます。そして進学が難しくなると、働きに出ようとします。働きながら浮世でさまざまなことを経験するうちに、「たった一回しかない人生だから、暗く切ない人生を送るよりはおもしろおかしく楽しく生きようではないか」と考えるようになる人も出てきます。

そうして生きていくなかで、だんだん歳をとってくると、立身出世の道を歩いていた人も、おもしろおかしく楽しい人生を送ろうと思った人も、人生の目的が変化していきます。

それは、死というものがだんだん近づいていると感じるからです。すると、「長生きするために健康に気をつけましょう」と、今度は健康が人生の目的になります。

同年輩のお年寄りが集まると必ず健康の話が出て、「この食べ物が健康にいい」「薬はこれがいい」「こんな病気をした。気をつけよう」「どの医者がいい」、というテーマで盛り上がり、多くの時間が健康を得ることに費やされるようになります。立身出世を目的にしていた人間も、立身出世どころではなく、仕事のほうを多少おろそかにしてでも健康第一をめざすようになるのです。

長生きをするというのは「肉体がながらえること」を意味します。衰えてくる自分の肉体を守り、ながらえさせるためには、人様のことなど考えていられないので、エゴ丸出しで、「自分だけがよければいい」という気持ちが少しずつ出てくるのです。

本来ですと、歳をとると、経験を積んで人柄も円満になり、人格が高まっていかなければならないのに、健康という、肉体に対する執着がエゴを増大させます。それは欲ボケを、また醜《みにく》い老いをもたらすのです。いまの日本では、そういう流れが少し強くなっているように感じます。

結局、人間の生き方はさまざまですから、利発な子は勉強して立身出世を夢見るのもよいし、できの悪い子は「こんなところだろう」と現実的な選択をし、おもしろおかしく一回しかない人生を過ごすのもよいでしょう。

しかし、立身出世をしてみたとて一代かぎりです。名声《めいせい》も財産も地位も、死んであの世へもってはいけません。肉体をこの地上に残し、あの世へ向かうのは、先ほど述べましたように、魂、すなわち意識体だけです。また、どんなにおもしろおかしく現世を生きても、死んだあとに残る魂がたんに「おもしろかった」と感じるだけでは人生の意味がありません。

私たちが死んで残る魂、意識体そのものの価値が問われるのが、人生だと思います。現世にあったとき、名声を得た、財産をつくった、高い地位についたということが、その魂の価値になるでしょうか。また、おもしろおかしく波瀾万丈の人生を生きてきたことが、魂の価値を高めることになったでしょうか。私はそうではなく、生きているあいだにどのくらい世のため人のために貢献したか、つまり生きているときにどのくらい善きことをしたかが、万人に共通する魂の価値だろうと思っています。

人間性を磨くこと、すなわち魂を磨くこと、それが大事なことであり、魂を磨く、つまり人間性を高め、素晴らしい人格を身につけることこそが、人生の本当の目的なのです。それを抜きにして現世を生きる意味はありません。

人それぞれのコースをたどって生き、人生が終わるわけですが、どのコースをとろうとも、それは「人間性を磨くために創造主が与えてくれた道だった」と理解すべきだと思います。

私が考えるこの人生の最終的な目的を小学生のころに教えることが

できたら、子供たちはより素晴らしい人生を歩めるのではないかと思います。

「立身出世も成功もけっこう。おもしろおかしい人生もけっこう。しかし、それは生きていく一つの過程であり、人生の目的は人間をつくることだ」

このことを、人生に対して志を立てるころ、つまり十二、三歳ごろに教えてあげられたらと思います。そのときは理解できないかもしれません。しかし、頭の片隅に残ってさえいれば、青年になったとき、あるいは壮年になったときにそれを思い出すこともあるでしょう。そうであれば、そのような教育も決して無駄なことではないはずです。

ところが、現実の教育の場では誰もそのようなことを教えていません。

このようなことは本来、哲学者が指し示すべきなのでしょうが、難解な抽象的思考に陥り、青少年にわかるように人生の目的や人生の意義を語ってはいません。また、宗教家も人生の目的を教える役割を現在では果たしていないように思います。

心の喪失の時代といわれ、また物質面の発展に精神面の発達が伴っていないといわれる所以《ゆえん》がそのへんにあるように思います。

では、われわれは人間性を磨くために何を心がければよいのでしょうか。重要なことですので、あえて繰り返しますが、第一に、人のために尽くしたい、世のために尽くしたいと思うように努める――「布施」することです。第二に、自分を戒《いまし》めてエゴを抑えていく――「持戒」すること、第三に、諸行無常《しょぎょうむじょう》、波瀾万丈の人生に耐えていくこと――「忍辱」することとです。第四に、精一杯働く――「精進」することです。これらのことを通じて人格を高めていくようにすることが肝要だと思います。

この「布施」「持戒」「忍辱」「精進」はお釈迦様が二千五百年前に説かれ、それが人間をつくることであり、悟りへの道であると教えてくださっているのです。このことは、仏教を信じるかどうかは別にして、普通の人間が生きるための知恵としてぜひ取り入れるべきだと私は信じています。

私は、いつも簡単な仏教の本をもって歩き、飛行機のなかであろうと、どこであろうと、暇があれば読んでいます。そのくらい繰り返し読んでいても、すぐに忘れてしまい、なかなか実行できません。それでも、そうでなければならないと思いつづけること、毎日心がけることが大切だと私は思っています。

第十二章 運命と因果応報の法則について

Destiny and the law of retribution

われわれの人生を形成する要素として、二つのものがあると私は考えています。

まず第一にあげられるのは、もって生まれた「運命」です。たとえば、時代を代表する優秀な学者がいるとします。彼の頭脳が明晰《めいせき》なのは、両親から素晴らしい脳細胞を遺伝として受け継いだからだとしても、それだけで優秀な学者にはなれません。病気をせずに健康で過ごすこと、学問に打ち込める環境があること、恩師や支援してくれる人々にめぐり合うことなど、さまざまな条件が加わって初めて、人はその与えられた才能を十二分に開花させることができます。つまり、一流の学者という地位を得るかどうかは、自分の意思や遺伝子の力が及ばない「何か」——運命——の範疇《はんちゅう》に属することなのです。

東洋の政治哲学・人物学の権威として知られる故安岡正篤《やすおかまさひろ》さんは、「易《えき》は宇宙の真理を包含《ほうがん》した学問だ」というようなことをおっしゃっていましたが、中国では古くから「易」が自然の理《ことわり》として研究されていました。西洋でも占星術《せんせいじゅつ》が深く研究され、膨大な文献が残っています。いずれも「運命」というものの重みを理解し、何とかしてそれを知ろうとする人々の強い願望が生みだしたものでしょう。

この「運命」とは別に、もう一つ、われわれの人生を形づくる大きな要素があります。それは「善根《ぜんこん》は善果《ぜんか》を生み、悪根《あっこん》は悪果《あっか》を生む」という「因果応報《いんがおうほう》の法則」です。「思いのままに結果が表われる」ということを私は機会あるたびに話していますが、それは思ったこと、行動したことが原因となって結果が生じるということです。これが

「因果応報の法則」と呼ばれるもので、「運命」と同時並行的に、われわれの人生を滔々《とうとう》と流れています。

つまり、われわれの人生をつくっている要素には、その人がもって生まれた「運命」と、その人の現世における思いや行動によってつくられる業《ごう》（カルマ）がなす現象との二つがあるわけです。表現を換えれば、「運命」と「因果応報の法則」がまるでDNAの二重らせん構造のように縒《よ》り合って人生がつくられているのです。

ここで大事なことは、「因果応報の法則」が「運命」より若干強いということです。そのため、われわれはこの「因果応報の法則」を使うことで、もって生まれた「運命」をも変えていくことができるのです。つまり、善きことを思い、善きことを行なうことによって、運命の流れをよき方向に変えることができるのです。

　これは私が勝手に考えたことではありません。安岡正篤さんはその著書『運命と立命』のなかで、「運命は宿命ではなく、変えることができる。それには因果応報の法則が大事なのだ」という趣旨のことを述べ、中国の古典『陰隲録《いんしつろく》』という本から袁了凡《えんりょうぼん》という人物に関する話を紹介しています。この話の大筋は次のようなものです。

　袁了凡はもともとの名前を袁学海《えんがっかい》といい、代々医術を家業とする家に生まれました。父を早くに亡くしたため、母の手で育てられ、彼の母は息子に医者を継がせようと医学を学ばせていたところ、ある日頬《ほお》髯《ひげ》の立派な老人が訪ねてきて、こういいました。

「私は雲南《うんなん》で理法（易）をきわめた者です。袁学海という少年に理法を教えるようにという天命が下ったのでやってきました。お母さんはこの子を医者にしようとお考えかもしれませんが、彼は科挙の試験に通り、立派な役人になります。県で受ける一次試験には何番でとおります。二次試験、三次試験にも何番で受かります。そして科挙の本試験に臨む前に役人になり、若くして地方長官に任じられます。結婚はしますが、子供さんはできません。そして五十三歳で亡くなる運命です」

学海少年は実際に医者の学問をやめ、役人の道へ進みます。すると、恐ろしいぐらいに老人がいったとおりになっていく。何番で試験に受かるというのもそのとおりなら、地方長官になるのもそのとおりでした。すべてが老人が予言したとおりだったのです。

その後、南京《なんきん》の国立大学に遊学することになった袁了凡は、雲谷《うんこく》禅師という素晴らしい老師がいる禅寺を訪ね、相対《あいたい》して三日間、坐禅を組みました。

「お若いのに、一点の曇《くも》りも邪念《じゃねん》もない素晴らしい禅を組まれる。これほど素晴らしい坐禅を組む若い人を見たことがない。一体どこで修行をなされたのかな」

雲谷禅師が感心していいました。これに対して、袁了凡は子供のころに出会った老人のことを話しました。

「私の今日までの人生はその老人の言葉と一分の狂いもありませんでした。すべて老人がいったとおりです。子供もできませんし、おそらく五十三歳で死ぬのでしょう。だから、思い悩むことは何もないのです」

その話を聞いた雲谷禅師は一喝《いっかつ》しました。

「悟りを開いた素晴らしい男かと思ったら、そんな大馬鹿者だったのか」

そして、「老人があなたの運命をいったというが、運命は変えられないものではない」といって、善きことをすればよい結果が生まれ、悪いことをすれば悪い結果が生まれるという「因果応報の法則」を説きました。

「善きことを思いなさい。さすれば必ず、あなたの人生も好転していきます」

そういわれた袁了凡は、「自分は間違っていた。老師にいわれたように、今後は善きことをしていこう」と誓い、善きことをすればプラス一点、悪いことをすればマイナス一点というように、点数をつけ、日々善きことを重ねるよう努めました。その後、袁了凡は七十三歳まで生きながらえました。

また、できないといわれた子供にも恵まれました。袁了凡はその子に向かってこう語ったそうです。

「雲谷禅師に出会うまでの人生は、運命のとおりだった。しかし、そのあと考え方を変え、善きことに努めたところ、おまえが生まれ、本当なら五十三歳で死んでいなければならないのに、七十を過ぎたいまでも元気だ。なあ、息子よ。人生とは、善きことを重ねることで変えられるものなのだよ」

「運命」というものは決まっています。われわれが望んで動かせるものではありません。一方、「運命」と同時並行で流れる「因果応報の法則」は、そうではありません。この法則を使えば、決まっているはずの「運命」すらも変えられるのです。このことを「立命《りつめい》」といいます。そうであれば、われわれは「運命」を変えることができる、この「因果応報の法則」をもっと有効に使うべきだと私は考えています。

ところが、現代社会においては、「運命」と「因果応報の法則」が綾り合って人生ができていくという単純なことさえも信じられていません。なぜか。一つには「運命」や「因果応報の法則」に対する偏見が影響しています。人智《じんち》を超えた運命は科学で説明をすることができない。したがって、多少なりとも学問を学んだ知性的な人――インテリー――は「運命」を迷信のようなものと考えてしまいがちです。また、「因果応報の法則」は「悪いことをすればバチが当たるぞ」という表現が示すように、土俗的に使われてきたため、子供だましのように受けとめられ、学問のない人が子供を戒《いまし》める方便のように思われている面があります。

また、それ以上に「運命」や「因果応報の法則」の正否を証明することがそもそも難しいということも大きく影響しているのでしょう。運命がどうなっているのか、われわれは知りようがないし、善きことをすればよい結果が出るということもなかなか明確な形では表われてきません。

それは先にも述べましたように、「運命」と「因果応報の法則」が縒り合うようにして人生が形づくられているからです。

たとえば、運命的にたいへん悪い時期に少しくらいよいことをしても、それくらいでは事態は好転しませんし、逆に運命的に非常によい時期に若干悪いことをしても、打ち消されて一向に悪くならないこともあるのです。だから、「あんなに悪いことをしている人が、どうして幸せな人生を送るのだろう」というようなことにもなるわけです。

さらに、こんなこともあるそうです。ある人が霊能力者に友人の運勢をみてもらったところ、こんなことをいわれたそうです。

「この人は、今年たいへん悪い運命にあり、おそらく大病などを患《わずら》っているはずだが、それが平穏無事だとすれば、近年素晴らしくよいことをされたに違いない。これほど運命的に悪い時期に、体調も仕事も順調であるはずはない」

このように、「運命」と「因果応報の法則」はＤＮＡの二重らせんのように複雑にねじれ合い、縒り合うようにしてできているために、「１＋１＝２」というような整合性がなく、誰も人生がこの「運命」と「因果応報の法則」の二つの要素からできていること、そして「因果応報の法則」のほうが「運命」に勝り、人生を変えることができるということを信じようとはしないのです。

しかし、「因果応報の法則」はあるのです。「宇宙について」の章で述べた宇宙開闢《かいびゃく》からの流れを思い起こしてみてください。

宇宙の始まりはひと握りの超高温超高圧の素粒子の塊でした。それが約百五十億年前に大爆発して、素粒子同士が結合して陽子や中性子、中間子をつくり、そこに電子がトラップされて水素原子ができた。その水素原子同士が融合して、ヘリウムという原子ができた。このようなことを繰り返して、現在宇宙に存在するあらゆる元素がつくられ、さらに分子や高分子がつくられ、やがて生命体が生まれ、われわれ人類に至っているのです。

最初の素粒子のままで百五十億年間とどまってもかまわないし、原子の段階で止まってもおかしくはない。しかし、宇宙は次から次へと生成発展を繰り返し、人類というものまでつくった。なぜか。宇宙には森羅万象《しんらばんしょう》あらゆるものを生成発展させ、成長させようとする意識が働いているからです。

われわれが善き意識をもったとき、それは宇宙に充満する「すべての生きとし生けるものよ、よかれかし」という意識――「創造主の意識」といってもよいかもしれませんが――と合致します。そのような美しい個人の意識は、宇宙の意識と波長が合い、すべてがうまく行き、物事が成功、発展へと導かれていくのです。逆に、宇宙の意識に逆行すれば失敗するに決まっているのです。

そう考えると、没落や衰亡が起こるのも理解できます。たとえば、会社が倒産するのは、うまくいっていたときに「善きことをしなかった」「世のため人のためになることをしなかった」「その後、真面目に働かなかった」等々、つまり宇宙の意識に反するようなことをした報いとして起こるわけです。

昨今、かつては高く評価されてきた企業が倒産したり、倒産寸前の死に体《たい》の状態に陥ってしまう事例が目につきます。それに伴って、名経営者と讃《たた》えられ、尊敬を受けてきた人が失墜し、没落の憂き目に遭っています。三十年、四十年というスパンで発展から衰退の道をたどるところもあれば、昨今のベンチャー企業のように、わずか数年で急成長をとげ、まもなく転落していくところもあります。いずれにせよ、功なり名をとげた企業があっけなく崩れていきます。

経営者であれば、企業が傾いたり倒産するような事態は「何がなんでも避けたい」と願うはずです。それなのに、なぜ、成功がつづかないのかといえば、「運命」もありますが、やはり「因果応報の法則」の結果だと私は思います。

二十世紀初頭のロンドンでは、インテリたちが集まり、死んだ人の魂と交流する交霊会《こうれいかい》というものがよく開かれていたそうです。ある町医者が主催する交霊会には、いつもシルバーバーチと名乗るインディアンの霊が現われ、いろいろ話をしたそうですが、その話がまとめられ本になっています。その本をたまたま読んでいたときに、一カ所、強く惹《ひ》きつけられるところがありました。長年疑問に思っていた「因果応報の法則」が証明できないということについて、シルバーバーチは次のようなことを述べていたのです。

「みなさんは因果応報の法則を信用していないでしょう。善いことをしたからよい結果が出るとか、悪いことをしたから悪い結果が出るということがはっきりしないので、信用しないのだと思います。しかし、短い期間ではそのとおりには出てきませんが、十年、二十年、三十年という長いスパンで見れば、必ずそうなっています。また、現世では結果が出てこないケースもありますが、私のいる世界（あの世）も含めて見れば、一分一厘の狂いもありません。寸分の狂いもなく、悪いことをした人は悪いように、善いことをした人はよいようになっています。因果応報の法則は正しいのです」

三十年、四十年という長いスパンで見れば、だいたい辻褄《つじつま》が合う。それでも結末のつかない場合も、あの世に行けば寸分の狂いなく帳じりが合う、といっているのです。

いま、われわれが行なっていること、思っていることが、何年先か何十年先かはわかりませんが、やがて必ず起こる結果をつくっているのです。いまつくっている業（カルマ）が原因となる現象は将来必ず現われます。そのときにあわてふためいて悲しんでももはや遅いのです。ぜひ、このことを心にとめて、日々善きことを行なうようにしていきたいと思います。

第十三章

人生の試練について

The trials of life

前章で述べましたように、人生とは「運命」と「因果応報の法則」が織りなすものですので、よいときもあれば、悪いときもあります。お釈迦様はそのことを「諸行無常《しょぎょうむじょう》」と説かれました。「無常なるがゆえに苦なり」、つまり人生は常ならざるがゆえに苦の連続だと話されています。

私は波瀾万丈の人生とは、よいときも悪いときも、創造主が私たちに与えてくれた「試練」だと考えています。つまり、幸運に恵まれることも、災難に遭うことも、等しく試練なのです。その試練にいかに対処するかによって、人生はさらに大きく変化していくのです。

まず、成功という試練に遭ったときに、どのように対処すればよいのかを考えてみたいと思います。

たとえば人が羨《うらや》むほどの幸運、成功に恵まれたとき、その幸運、成功は自分自身が努力をし、つくりあげたものであり、当然だと思う人もありましょう。極端にいうならば、もっと幸運であってもよいはずだ、もっと成功してもよいはずだ、と思う人がいるかもしれません。

また一方では、その幸運、成功は周囲の環境、周囲の人たちの助けがあってできたことであり、その幸運、成功に対して、「もったいない、こういう幸運、成功に自分だけが恵まれて本当によいものか」と心から謙虚に思う人がいるでしょう。

幸運と成功をもたらしたのは自分の力であり、もっと成功しても当然だ、それに見合う報酬も地位も名声《めいせい》も得たい、と自分の欲望をさらに肥大化させていく人。そのような人は、成功に酔うと同時に、謙虚さを忘れ、傲慢《ごうまん》になっていきます。成功をもたらした原因は、その人の謙虚さと地味な努力であったにもかかわらず、成功の結果、謙虚さを失い、地味な努力を怠り、慢心し、もっと幸運に、もっと成功に恵まれたいという欲望だけが膨らんでいく。

そうすると、いままで幸運、成功を支えてきた謙虚さと地味な努力を失ってしまい、すべてによかれという宇宙の意識と同調しなくなってしまうものですから、当然その人は没落、衰退をしていきます。せっかく手に入れた幸運、成功を維持することができず、自分の心が変節を遂げることによって、衰退と没落への道を転げ落ちていくのです。

一方、謙虚で地味な努力をつづけて幸運と成功を手に入れ、その思わぬ成功に対して心から感謝をする人。また、その幸運、成功を自分にもたらしてくれた周囲の人たちの助けに心から感謝をし、その成果を自分が独り占めすることに畏《おそ》れを抱いて、広く人々と分かち合い、また社会と分かち合う人。そして成功を得たあとも謙虚な心と地味な努力を忘れず、さらに努力をつづけていく人。成功という人生の試練にそのように対処していく人は、さらなる幸運と成功を手中に収め、それを長く保持できるはずです。

このように、幸運とか成功に恵まれたときに、どのような心構えで対処するかによって、その後の人生が天国にも地獄にもなるのです。つまり、幸運、成功を得たということは、決して結果ではなく、その対処の仕方によって人生は大きく変わってくるのです。これは人生を生きるうえでたいへん大切なこと、心せねばならぬことだと思います。

他方、「運命」のなせるわざか「因果応報」の結果かはいざ知らず、災難、苦難、困難という試練に遭遇したとき、その苦しさに負け、世を恨《うら》み、人を妬《ねた》み、さらに現在の不遇を嘆き悲しんで不平不満を鳴らし、最後には世の中をすねて渡るという人もいます。そのような対処をする人は、さらに自分の人生を暗く辛いものにしていきます。あたらたった一回しかない人生を、不毛で索漠《さくばく》としたものにしてしまうのです。

しかし、災難、苦難、困難という試練に遭遇しながらも、その試練に耐え、そしてその試練から脱却すべく精一杯の努力を怠らない人。

いまはこんなに苦しいけれども、いつかきっと自分にも明るい未来がくるはずだと信じ、心を明るく保ちながら努力を重ねていく人。決して世を恨み、人を妬み、不平不満を鳴らすようなことなく、与えられた苦難を真正面から受け止めて、むしろ自分の向上心を試そうとする試練だと受け取り、感謝をしつつ、前向きで明るく素直に努力をつづけていく人。そういう人は結果として素晴らしい成功と明るい未来を必ず勝ち取っているのです。

「運命」と「因果応報の法則」が織りなす人生は、まさに諸行無常、波瀾万丈の人生です。平穏で平坦《へいたん》な人生などありません。そんな人生で、苦難と幸運のどちらの試練に遭遇しようとも、つねに謙虚に前向きに対処できるかどうか、それによって、先ほどもいったように、その人が天国のような人生を生きるのか、地獄のような人生を生きるのかが決まってくるのです。

このことは古くからいわれ、中国の古典『書経《しょきょう》』に、「満は損を招き、謙は益を受《う》く」という言葉がありますが、このことは何も個人の人生のことだけをいうのではありません。国家というレベルにおいても、謙虚でなくなったとき、危機が始まるといってもよいのです。

日本の歴史を見ると、そのことが如実に現われています。明治維新以後、西欧の近代国家に追いつこうと、富国強兵、殖産興業をスローガンにして、日本人は必死に努力をしてきました。そしておよそ四十年後、日露戦争で強国ロシアを打ち破り、世界から喝采《かっさい》を浴びました。そこで日本は有頂天になって幸運と多少の成功に酔いしれてしまったのです。謙のみ益を受《う》くのに、謙虚さを失った日本は、さらなる軍備拡張に走り、また約四十年後、あの第二次世界大戦の敗戦を迎えたわけです。

廃墟《はいきょ》となった日本は、再び思い直して、みんなが助け合いながら努力を重ね、その後世界第二位の経済大国となりました。奇跡といわれるような経済復興を成しとげたわけです。

本当はそこでわれわれは、より謙虚にならなければならなかった。戦後の経済的成功を試練ととらえて、謙虚さをベースとした国家運営や経済政策をとる必要があった。しかし、またもや有頂天になってしまった。大会社や銀行などの多くの経営者が、わずか数十年で終戦後のあの謙虚さや必死の努力、そしてお互いに助け合ってきたことを忘れてしまったのです。

そして、経営者はおろか個人に至るまでもが、額に汗することを忘れ、浮利《ふり》を追いはじめ、一九八〇年代には不動産や株式投資に夢中になりました。いわゆるバブル経済です。

この慢心の果てにバブル経済が崩壊し、現在多くの経営者や個人が塗炭《とたん》の苦しみを味わっています。三倍、四倍に上がるといわれて買った土地の値段が、いまでは五分の一、あるいは十分の一にまで下がり、借金だけが残った。そのために、つぶれるはずがないといわれていた銀行すらもつぶれていく悲惨な状況に陥っているわけです。

もっとも、多くの日本人は、八〇年代以前から謙虚さを忘れていたのかもしれません。安岡正篤さんはすでに一九六九年（昭和四十四年）に、先ほどの『運命と立命』という本のなかで「道を忘れた技術や学問は人間を不幸にする」という題で、次のように述べられています。

「科学だ、技術だ、繁栄だと言っても、さらには政治や経済、あるいは学問だと言っても、長い目で見ると、実に頼りないものであり、はかないものである。それはそのなかに存在する大事な根底を忘れているからである。根底を把握しない技術や学問は人間を不幸にするだけである。それに翻弄《ほんろう》されて、いわゆる運命にもてあそばれて終わるだけである。しかし、少しく冷静に観察すれば、その奥にもっともっと大事な、厳粛な理法というものが、道というものがあるはずである。この理法を学び、道を行なわなければ、我々は何物をも頼むことはできない。二十世紀の後半に入って、いよいよその感を深くする」

「真の学問の目的は、現象の根底であり、本質である道を学ぶことである。心学を学ぶことである。言い換えればどこまでも修己治人《しゅうこちじん》の学問であります」

戦後二十四年経ったとき、日本人がすでに慢心していたことを、安岡さんは見抜き、警告していたのだと私は思います。

「栄枯盛衰は世の習い」といいますが、謙虚になったり慢心したりということの繰り返しは日本だけのことではありません。世界を見ても、中国でも欧州でも、国家は隆盛すると慢心して没落する。それを反省して謙虚になり、また繁栄する。そのような歴史を繰り返しています。

日本がどのようにして現在の不況を脱却するかという答えは、いかにこのことに早く気づき、日本が謙虚に、また日本人が真面目になれるかにかかっているように私は思います。

第十四章

苦悩と憎しみについて

Agony and hatred

人間は人生でいろいろなことで悩みます。しかし、私はそうしないことにしていますし、また「悩むな」とみんなにいっています。深く考えることは必要です。しかし、悩みをもつと、場合によっては体を壊しますし、何の益にもなりません。それは無駄なことなのです。

仕事のうえで問題が起これば、私はそれを解決するために、「考えて、考えて、考え抜く」ことはしますが、対策を立てたらそれでおしまいです。

悩まないですむためには、「これ以上考えることがない」というくらいに考え、その後は「人事を尽くして天命を待つ」というような姿勢が必要です。

ただし、考え抜けばすべてが解決するわけではありません。そのためか、往々にして悩むのがクセになっている人がいるものです。そのような人は、「悩まない」と自分で決めてしまうことも大切です。

私が知るかぎり、あれこれ悩む人は、対策を立てたあと、結果が出るまでのあいだに悩んでいることが多いように思います。「うまくいくだろうか、だめだろうか」と思い悩む。しかし、悩んだからといって、結果がよくなるわけではありません。矢が弦《つる》を離れた以上、あとは待つしかない。できることは天命を待つことだけなのです。

「考え抜いて出した対策が吉と出るか凶と出るか、それはわからない。わからないことを悩んでも仕方がないじゃないか。そんなことを悩むのは意味がない」と、こう考えていくのです。

結果が吉と出れば問題はありません。ところが、凶と出て、失敗したりすると、またみんな悩むわけです。

たとえば、損害が予想より大きくなったとしましょう。しかし、それでも起こったことは仕方がありません。「覆水盆《ふくすいぼん》に返らず」で、こぼれた水は地面に吸われてしまって取り戻せない。だから、それを悩むのは無意味なことです。

受けた損害について悩むよりも、次に利益が得られるように前向きに仕事をしたほうがよい。そうすれば悩まなくてすむ。結局、悩まないことが悩みから脱却するための最善の方法です。では、どのようにすれば悩まないですむのでしょうか。

まず第一に、悩む暇があったら誰にも負けない努力で働く。第二に、謙虚にして驕《おご》らない。第三に、毎日反省する。反省するのは悩むこととは違います。第四に、足るを知って、生きていることに感謝する。第五に、自分よりも相手によかれという利他《りた》の心をもって生きることです。

悩みを感じる暇もないほどに一生懸命に仕事に打ち込みながら、「生きているだけでも幸せではないか、それ以上、何を望むのか」と自分に話しかけ、感謝する心を育てていく。そうすることでも悩みは収まるはずです。

人間の情念としては、悩み以外に、憎しみ、恨みというものもあります。たとえば、家族が殺されたりした場合、遺族の犯人への憎しみ、恨みは相当なものになるでしょう。

私は、その人たちの憎しみや恨み、やり場のない怒りを否定するつもりはありません。子供を殺された親にとって、犯人に対する憎しみや恨みは余りあるものがあるはずです。ですから私は「殺人者に対してどういう処罰をなすべきか」と強いて問われれば、死刑があってもよいと答えるでしょう。罪に相応した罰を受けることは当然です。しかし、それでも憎しみはもたないほうがよい。被害者の家族や関係者が犯人を憎み、恨むことは、できるだけ抑えるべきだと私は思います。

こんなことをいうと、「あなたは当事者ではないから、そんなことがいえるんだ」と、反論されるかもしれません。それは無理もないことです。しかし、当事者でない門外漢《もんがいかん》が口をはさむこと自体が僭越《せんえつ》であることは重々承知のうえで、なおかつ私は、憎んだり、恨んだりしてはいけないと考えています。

犯人をいくら憎んで恨んでも、殺された家族が帰ってくるわけではありません。それどころか、憎しみ、恨みは恐ろしい反作用をもっていて、その当人の心を傷つけ、切り刻みます。いや、心だけでなく肉体までも切り刻むのです。

毎日怒ってばかりいたり、不平不満をもっている人は、顔色がどす黒くなり、いかにも不健康そうな顔つきになります。実証されたわけではありませんが、これは怒り、恨み、憎しみという思いが、ある種のホルモンを出すからという説もあるくらいです。

心の状態が肉体に影響を与えることはままあることです。たとえば、心配事がたくさんあると胃潰瘍《いかいよう》になることがあることはよく知られています。酸に強く、ビクともしないはずの胃壁に穴が開くのは、心配のあまり、胃壁の細胞を弱らせるホルモンが分泌されるからといいます。

恨みつらみは水に流せばよいといっても、なかなかそうはできないものかもしれません。しかし、憎しみ抜いても亡くなった人が帰ってくるわけではないのですから、亡くなった人の霊が安らかになるためにも、「許す」ということが大事だと思います。

心を高めることが現世のなかでいちばん重要なことだとすれば、許せないものを許そうとすることは人間の感情においてもっとも激しい葛藤《かっとう》であり、最大の修行をさせられていると考えられるでしょう。財産や名誉を奪われるといった試練よりも辛い修行かもしれません。しかし、これを乗り越えていくことは何よりも心を高めることにつながり、それによって心が進化し、魂が光り輝くはずです。

第十五章 逆境について

Adversity

人間性を磨きあげた人物として私が尊敬しているのは西郷隆盛です。明治維新のとき、大久保利通《としみち》、山県有朋《やまがたありとも》など、キラ星のごとく人材が輩出されました。そのなかでも西郷は傑出しています。のちに悲劇的な死をとげますが、維新回天《いしんかいてん》の偉業は西郷がいたから可能だったといってもいいすぎではないはずです。

西郷は、鹿児島の下級士族の子弟で、小さいころは「ウドの大木」の「ウド」というあだ名がついていました。体が大きく、目がぎょろっとして、無口であまりしゃべらないからです。どちらかというと、敏捷《びんしょう》でもないし、利発でもないので、疎《うと》んじられた存在だったそうです。

その子が長じて偉業をなした。どうして西郷はそこまで成長したのか。名君の誉れ高い薩摩藩主島津斉彬《しまづなりあきら》に育てられたこともさることながら、度重なる苦難を経験したことが大きかったはずです。

たとえば、京都の清水寺《きよみずでら》の僧に月照《げっしょう》という人がいました。彼は尊王攘夷《そんのうじょうい》運動に参加したことで幕府に京都を追われ、西郷を頼ってきたのですが、斉彬亡きあと、次の藩主の父として実権を握った島津久光公は月照をかばうことを禁じました。進退窮《きわ》まった西郷は、月照に対してまことに申し訳ない、自分も一緒に死ぬことで友情と義を果たそうと、月照とともに錦江湾《きんこうわん》に身投げしました。ところが、西郷だけが奇蹟的に救われたのです。自分を頼ってきた人間を守ってやれなかったことは武士として屈辱であったでしょうし、友人だけを死なせたということへの非難も周囲からはあったでしょう。しかし西郷はそれらに耐えて生き抜きました。

また西郷は、島津久光とそりが合わず、逆鱗《げきりん》に触れて奄美大島や沖永良部島《おきのえらぶじま》に流されています。とくに沖永良部島では、吹きさらしの座敷牢に入れられました。屋根はありますが、わずか一間四方に柱だけあって壁はなく、海からの風が吹き込んでくるし、横殴りの雨が降れば濡れてしまう。そういう場所に閉じ込められながらも西郷は、座禅を組み、瞑想《めいそう》にふけったといいます。

その間、巨体だった西郷はみるみる痩《や》せていき、それを見るに見かねた監視役の役人が自分の家のなかに座敷牢をつくってそこに西郷を収容し、なんとか生きながらえたのだと伝えられています。

そういう辛酸をなめ、一回りも二回りも人間を大きくした西郷だったからこそ、勝海舟とあいまみえて江戸城無血開城の交渉をまとめられたのでしょう。つまり、艱難辛苦《かんなんしんく》が西郷をつくりあげていったのだと思います。

偉大なことをなした人で、若いときを含めて、苦難を経験していない人は皆無《かいむ》といってよいはずです。想像を絶するような難儀《なんぎ》、難渋《なんじゅう》を乗り越えた人が、結果として偉大なことをなすのです。

逆に、名家に生まれ、苦労せずに成長した人で偉業をなしとげた例はほとんどありません。そういう人は何か苦難に遭遇したとき、いとも簡単に挫折してしまうのです。

松下幸之助さんの場合も、子供のころにたいへんな苦労をしています。自分の家が没落したために、九歳のとき松下さんは小学校四年の修了を目前にして学校をやめ、丁稚奉公《でっちぼうこう》に出されました。しかし、そういう逆境に遭っても、松下さんはそのことをひがまず、嘆かず、奉公先のご主人に少しでも喜んでもらおうと、前向きに努力しました。自らの境遇にめげず、素直で、明るく、健気《けなげ》に一生懸命に努力をする少年、その少年が後年あの「大松下」をつくっていったわけです。

同じような境遇にあった子供はたくさんいたでしょう。子供だけに、ひがみ根性も出ます。恨みつらみにも思うでしょう。いいうちの子は学校へも行けるし、いいものを食べさせてもらえるし、いいものも着させてもらえる。なのに、なぜ自分はこんなに貧しいのか。しかし、そんなひがみ根性や恨みつらみで少年時代を過ごした人のなかに、大成した人はいません。辛い目に遭いながらも、自分が置かれた運命、境遇を素直に受け取り、感謝とまではいかないにしても、少なくともそのことを妬《ねた》んだり、恨んだりはしなかった。逆境に耐え忍びながら、明るく一生懸命に努力したからこそ、松下幸之助さんも大成されたのです。

昔から「艱難《かんなん》、汝《なんじ》を玉《たま》にす」といわれます。また「若いときの苦労は買ってでもせよ」ともいわれます。誰もが苦労を厭《いと》うのは人情ですが、長い目で見れば、若いときはいい目に遭うより苦難に遭遇したほうが、後の人生に実りがあるような気がします。

このような観点で考えた場合、現代の日本は逆の状態にあるようです。先に述べたように、多くの親は子供に苦労をさせないように気遣い、少しでも楽な道を歩ませようとします。そういう環境のなかで十七歳の凶行が出てくるのではないでしょうか。

　われわれよりも前の世代では、貧しい親を助けるために、子供のころから一生懸命働いた人も多くいました。私の世代でも、生計を助けるため親の手伝いをしている友人が何人もいました。そういう貧乏な家から凶悪犯罪を起こす子供はほとんど出ていません。

　苦労させないことが子供のためになるわけではありません。それどころか、苦労は人間性を磨くためには不可欠なのです。

　西郷は沖永良部島で座敷牢に入れられたとき、陽明学などを勉強し、人間を磨いたといいます。この人間性を磨くということに関し、安岡正篤《まさひろ》さんは「知識、見識、胆識《たんしき》」ということをいい、それを三段階で高めていかなければ意味がないといわれました。

知識は百科事典や辞書を引けば得られる。それを覚えている必要はないし、無理に詰め込んでもたんなる物知りに終わる。知識を一本筋の通った信念になった見識まで高めることが大事だ。しかし、見識があっても実行できないようではどうにもならない。見識をさらに胆識にする必要がある。

ここで出てくる胆識とは、胆力を伴った見識のことです。それは苦難を克服することで培われるもので、「肝っ玉がすわっている」とか「胆力ができている」といわれるような状態です。その胆力を西郷は沖永良部島で養っていったのです。

ただし、胆力までいかなくても、勇気があれば実行力は生じます。では、どういうときに勇気が出るのでしょうか。じつは、大義名分があるときにいちばん勇気が奮い起こされるのです。胆力が養われていなくても、何か実行しようとするときは大義名分——いま私が立たずばこの世の中はどうなるとか、私がいま必死でやらなければこの会社はどうなるのかという思い——をもつ必要があるのです。

大義と志は同じものではありません。志は個人的な目標をも含みますが、大義というのは、利己ではなく、自分を離れたところに大きな意義を置くということです。

これには、世のため人のためという高いレベルから、会社のため、家族のためといった身近なレベルまで、いろいろなものがあります。大義によって自分を鼓舞《こぶ》し、真の勇気を奮い起こす。その勇気が自分に実行を迫るのです。

胆力の備わった人は自分を鼓舞する必要などありませんが、そうでないわれわれ小人《しょうじん》は、何か大きな目標にチャレンジするとき、大義名分を押し立てて、自分を鼓舞する必要があるのです。

実行力のない人、仕事ができない人は、ともすると「会社でこういうことをやれといわれている。やったら自分のためになるだろうか。成功すれば給料が上がり、部長にしてもらえるかもしれない。しかし、失敗すればひどい目に遭うな」と、自分の利害得失だけで物事を考えがちです。ですから実行する勇気が湧いてこないのです。

このように、大義を打ち立てられず、そのために仕事がうまくいかない人が少なくありません。利己を離れ、まずは大義を打ち立てることが大切です。

第十六章　情と理について

Emotional mind and rational mind

尊敬する人物、理想とする人物は、と問われたとき、私がまず思い浮かべるのは、先ほども述べた西郷隆盛です。

西郷は明治新政府誕生後、東京に住みました。高給をもらっているのに、粗末な「しもたや」に下女一人を置き、粗末な木綿の着物を着ていた。本当に頓着がないというか、欲がないというか、無私の人だったと思います。

「幕府がおかしい」「封建制がおかしい」ということで、若い志士たちが命がけで新政府をつくったわけです。しかし、新政府の要職に就いた人々が壮麗な住宅を建て、華美な服で身を包み、お妾《めかけ》さんを何人も囲ったりして栄耀栄華《えいようえいが》をきわめ、堕落してしまった。

西郷はその堕落ぶりを見て新政府の中核にありながら悲憤慷慨《ひふんこうがい》し、

「明治維新は自分たちの栄耀栄華のためではない」と正論をはいていました。同時に、「自分がやったことが本当によかったのか」「一部の人々が天下をとって贅沢をするために利用されただけではないか」と悩んで、自身はそうはあるまじと地味な生活を送っていたわけです。

結局、山県有朋や伊藤博文、大久保利通らと意見が合わなくなって、征韓論《せいかんろん》をきっかけに要職を退きます。欲があれば地位に執着するのでしょうが、西郷には欲がないから、さっさと鹿児島に帰りました。すると、一緒に新政府で働いていた鹿児島出身の若者たちも官職を辞して帰ってきた。その者たちが不満を抱えているものだから、暴発しないように、さらには将来、有為《ゆうい》な人材になるようにと、西郷は私学校をつくったのです。

そのうちに、鹿児島に潜入してきた薩摩出身の警官が捕まり、訊問《じんもん》されて「西郷を暗殺するためにきた」と白状しました。それが事実かどうかはいまだに議論されていますが、このことで私学校の生徒が怒り、鹿児島にあった政府の火薬庫を襲って銃や弾薬を奪ったのです。これを知った明治政府は反乱として鎮圧に動きだしました。

そのときに西郷は大隅《おおすみ》半島に猪狩りに行っていたのですが、連絡を受けて急遽帰ってきます。一応、若者たちを止めようとしたものの、あまり積極的ではありませんでした。その理由はいまだにわかっていません。新政府に愛想を尽かしていたこと、そして西郷独特の情の深さも関係したのではないかと思います。

あれほど立派な男が情にほだされて一大事の決断を下すのはおかし

いという見方もありますが、先ほども述べたように、月照と入水《じゅすい》自殺まで図ったことから考えても、西郷は理より情が先に立つ人物であったとしても不思議はないように私は感じます。

実際、西南戦争での西郷は「私もついていこう」という姿勢で、若者たちのあとについていったという印象が私にはあります。桐野利秋《としあき》を筆頭にした青年将校が先頭に立ち、西郷は一回も指揮をとっていません。幕末から明治維新にかけてあれだけ知恵を働かせ、優れた戦略を立てた男が、何の準備もせず、若者たちと行動をともにするだけだったのです。

また、西郷を慕って九州各県から応援に来た、明治政府に憤慨する元士族の人々の協力も断っています。その態度を見ると、勝とうとした形跡があるようには思えません。このあたりはいまだにみんながわからないといって議論されているところですが、私は西郷の深い情が理性を超えて動いたのだろうと想像しています。

この情の大切さを、私は旧制中学一年のときに強く教えられ、これはいまだに身にしみついているような気がします。

たとえば、いちばん質《たち》が悪い人間について、当時の修身《しゅうしん》の先生はこんなことを教えておられました。

「コソ泥が留守の家に入って盗みを働いているところに家人が帰ってきた。コソ泥をしようと思って留守宅に入ったのなら、家人と鉢合わせになったときに逃げるのが当たり前だ。ところが、台所にあった包丁をふりかざして、強盗に変身する輩《やから》がいる。こういう居直り強盗が、いちばん汚い人間だ」

また、「もし親友が何かの拍子に人をあやめ、『いま人を殺してきた。助けてくれ』といって、弱り果てて自分のところに逃げてきたら、君はどうするか」という問いかけも鮮明に覚えています。

旧制中学の一年生ですから理屈はわかっているつもりでしたので、「友だちの非を諭《さと》し、自首するように勧める」とみんなが答えました。すると、それはだめだと先生は却下しました。「そうして友人が頼ってきたなら、自分が罪に落ちてもいいからかばってやるのが親友だ」とおっしゃったのです。

現代では通用しない考え方かもしれません。しかし、それが人間としての義と情の道だということを教える先生でした。まさに西郷隆盛の生き方そのものを教えておられたように思えます。

西郷は義と情にあふれた、私にとって心の軸になる人です。しかし、私は情をほだすような話をもってくる人間を受けつけません。そういう意味では冷たいのかもしれませんが、それは京セラを創業して間もないころ、「西郷のような情が私の中心にはあるけれども、事業をやるには大久保利通の理性と冷徹さがいる」ということに気がついたからです。

私は最初に勤めた松風《しょうふう》工業にいた時代、まだ二十五、六歳のころに、全人格的に優れたという意味での「全《まつた》き人」をめざそうと考えました。しかし、実際に自分で事業を行なってみると、理想とする「全き人」とは情で動く西郷的なものと、理性で動く大久保的なものの両方が結びついて成り立つことがわかりました。そこから私は大久保についても学びだしたのです。

鹿児島に帰って「大久保の理性と冷徹さが必要だ」といったところ、かなりの顰蹙《ひんしゅく》を買いましたが、「大久保利通と西郷隆盛が融合調和する形で、稲盛和夫はありたい」と思い、今日までやってきたつもりです。

事業を展開していくときに、情で判断し、情で行動したら、収拾がつかなくなります。また、情で判断して、理性で行動しても、道を誤ります。かといって、理性で判断し、理性で対応したら、誰もついてきません。

大事なことは、最初の段階では理性で考え、実際の対応において情をつけることだと思います。

これは自分で気がついていないことなのですが、昔から一緒に仕事をしてきた人と話をすると、「あのときに社長がそっときて、こんなことをいって救ってくれた。だから、厳しい社長についていけた」という話をしばしば聞かされます。いわれた私は「そんなこと、いったかな」と思うくらいで、まったく記憶にありません。たぶん、私は無意識のうちに話していたのでしょう。計算ずくで理性だけで人をほめても、相手は白々しく感じます。気がつかないうちに相手のことを思う情も入っているから、相手も素直に受け入れ喜んでくれたのだと思います。

しかし、情だけの人は、プライベートでつき合うにはよいのですが、仕事を一緒にしますと、あとでよくもめることがあります。

たとえば、「金策にたいへん困っています。助けてください」といわれる。あの人はいい人だからと保証人になってあげる。そのときは周囲は立派だとほめてくれる。ところが、状況によって評価は一変するのです。たとえば、その人の会社が借金を負って倒産し、保証人として多額の借金を背負ってしまったらどうでしょう。そういう人を「立派だ」とは誰もいいません。

また、借金を申し込まれ、最初は同情して貸す。このとき借りた人からは「いい人だ」といわれますが、あとで「もっと貸してほしい」といわれて、「もう貸さない」と拒否したら、借りた人は先に貸してもらったことを感謝するどころか、あとで貸してもらえなかったことで恨みをもちます。それが人間なのです。しかも、あとで憎まれるほうが傷が大きくなってしまうものです。

私は、あとで断るくらいなら、最初から断ります。やはり理性と情の順番をきちんと守らなければいけません。私のこういう考え方は、一つには子供のころ、家庭で学んだといえるかもしれません。父は口数が少なく、理性的な人だったのに対して、母は情の人でした。母がなんでもかんでも感激していると、父がたしなめるという情景をよく見ました。

たとえば、「お父さん、親戚がきて、こういうことをいったんですが、非常にいいと思うので、こうしようかと思います」と母がいうと、父は「ちょっと待て」といって、さらに説明を求めます。そして、冷静にそれを分析して、「それはおかしいぞ」と指摘する。

母にしてみれば、自分の親戚がいってきたのだから、理性で考えるのではなく、情のほうが先に立つ。父は冷静に分析をして諭《さと》す。まさに母親が西郷的で、父親が大久保的だったといえます。そういうやり取りをいつも見ていたことも、私の人格形成に影響があったような気がします。

第十七章 勤勉さについて

Diligence

内村鑑三の『代表的日本人』のなかに、二宮尊徳の話が出てきます。

二宮尊徳は学問も資産もない、一介の農民でしかありませんでした。十六歳のときに両親を失い、伯父さんの家に預けられた尊徳は、朝早くから夜遅くまで小作人として働きます。自分の時間は夜しかありません。向学心に燃えた尊徳は深夜、灯明《とうみょう》をともして勉強をしていたのですが、伯父さんから油がもったいないと怒られ、勉強ができない状態になります。それでも尊徳は、朝は朝星《あさぼし》、夜は夜星《よぼし》を仰ぐまで田畑で働きとおし、その間、干し草や薪《まき》をとりに山に行く道すがら勉強をつづけました。

やがて大人になった尊徳は、不断の努力と倹約によって両親の家や田畑を買い戻し、素晴らしい農業を実践するようになります。その評判を聞きつけた領主の依頼に応じて、貧しい村を次から次へと再興していきます。声価は日増しに高まり、ついには晩年、徳川幕府の治水工事や復興事業を任されるようになりました。その二宮尊徳が、並み居る大名諸侯にまじって殿中《でんちゅう》に上ったとき、その立ち居振舞い、物腰、言葉遣いは、どこの高貴な生まれかと思わせるほど礼儀正しく、素晴らしいものだったといいます。

この逸話は、一介の農民であり、礼儀作法を教わったこともない二宮尊徳が、毎日朝から晩まで田畑に出て鋤《すき》や鍬《くわ》をもって働くことによって、どれほど心を磨きあげたかを表わしています。人は一生懸命に働くことによって、たんに生活の糧《かて》を得るだけではなく、心を磨くこともできるのです。

この労働を通じて「人間の心をつくる」というのは、現在の日本人にはとりわけ重要なことだと思います。

戦後、「時間を提供して報酬を得る」という労働に対する価値観が確立されましたが、それは言い換えれば、労働とはお金を得るための手段でしかないということです。

しかし、本来労働とは、たんに報酬を得るためだけのものではありません。とくに貧しい時代であれば、働くということ、勤勉に勤めることが、自己の欲望――休みたい、怠けたい、遊びたいというような欲望――を抑えることにつながりました。それが結果として、人間の心を鍛えることにもなったのです。

しかし、現在のように豊かになって生きる糧を得るために働く必要がなくなると、勤勉でなくてもよいわけです。アルバイトでも糧が得られます。だから、拘束されるのが嫌なら、会社に勤めずにフリーターでいいということになります。極端にいうと、親のスネかじりでも生きていけますので、高校を卒業しても就職しない若者も大勢出てくるのです。

二十歳を超えた多数の若者がいわば家に居候《いそうろう》している。そういう状況のなかで凶悪犯罪に走るケースがたくさん起こっています。これは、働くことを通じて人格を磨いてこなかったからだと思うのです。

仏陀が六波羅蜜のなかで「精進」することの大切さを説いたように、私も勤勉に働くことは心を鍛え、心をつくることであり、悟りに至る過程だと理解しています。つまり、勤勉に働く人はたんに生きるための糧を得るだけでなく、副次的には自己の欲望を抑え、心を鍛えて、心を浄化することができる。労働にはそういう重要な機能がある。そのことを忘れてしまっているために、現在の世相が荒廃していると思うのです。

しかし、時代も社会も変わっている以上、〝昔に帰れ〟は通じません。いまの豊かな社会のなかで失われたものをどうカバーしていくかという視点が必要です。

たしかに貧しい時代には生きる糧を得るために働かざるを得なかった。しかし、労働の意義を、糧を得るためと限定していると、豊かな時代には勤勉性がうすれていく。ならば、従来とは違った労働の意義を見出すべきです。

先ほども述べましたように、働くことの目的を、生きる糧を得ることにとどめず、人間の心をつくるためであるとしてもよいはずなのです。みんなで勤勉に働くのは、それが心をつくり、人間をつくっていくからである。こういうように労働の意義を再定義すればよいと思います。

また、労働の本質というものをもう一回、見直す必要があると思います。働くのは罪悪だと教える学校の教師がときにいることも問題ですが、厚生労働省などが労働時間の短縮をめざしていることも問題です。フランスで週三十五時間労働に関する議論が起こっています。少ない労働時間で多くの収入を得られるようにすることが労働者のためになると考えてのことだと思いますが、これは人間を堕落させてしまうのではないでしょうか。

唯物論《ゆいぶつろん》的、つまり人間をたんなるモノと捉えるから、そういう論理になるのかもしれません。しかし、私は、それは違うのではないかと思うのです。先ほど述べましたように、仏教は「精進」を勧め、そこで心がつくられていくとしています。ここに私は働くことの本当の意義を見出すべきだと思います。そのほうが人間にとって自然なのではないでしょうか。

こういう考え方のもとに、一生懸命働いた成果を貧しい国などに寄付すれば、お釈迦様のいう「布施」になります。直接寄付しなくても、ODAを通じてでもよい。世界の多くの物質的に貧しい人たちを救ってあげることは、まさに人助けであり、もっとも思いやりにあふれた行為です。また、この「布施」に努めることによって、二重三重に「働く価値」が高まっていきます。

また、このように勤勉に働いた成果で他の国を助けてあげること、このことはどれほどの軍備をもつよりも、どんな条約を締結するよりも、その国にとっては強い安全保障になると私は思います。それは、そういう思いやりあふれる民族を誰も侵すことができないからです。そうなれば、その民族はどこの国に行っても尊敬されるようになるでしょう。

私は、日本にそういう国になってほしい。それが二十一世紀の日本のあるべき姿であろうと考えています。

第十八章

宗教と死について

Religion and death

「あなたの宗教は何ですか」と聞かれたときに、「宗教をもっていません」と答える日本人が少なくありません。宗教をもたないことは立派なことであるかのような錯覚があるようです。

日本のインテリ層が無宗教を誇りだしたのは、明治以降ではないかと思います。明治以後、日本は急速に西欧文明を取り入れました。その際、科学的な合理性、論理性がいちばん大事だとして、明治政府は、迷信や言い伝えの類を強く否定しました。効率的に無駄なく、また理屈にかなった方法で物事が進められる合理性や論理性が国民に定着しないと、科学技術に基づいた立国ができないと考えたからです。

したがって、明治以後の学校教育のなかでは、非科学的なものはすべて強く否定されるようになりました。江戸時代までは、神社でも寺でも神仏のお告げを伝えてくれる人たちがいて、「何々神社の宮司《ぐうじ》さんは神のお告げをきくことができる」とか、「どこそこのお寺のお坊さんは素晴らしい霊能力をもっている」という話が庶民のあいだで交わされていました。しかし明治になると、政府の主導のもと、神仏の霊験《れいげん》やお告げを伝える人の存在を「迷信」として否定し、またそれを否定することができる人ほどインテリだということになりました。そうなってくると、科学的な説明のつかない宗教も迷信と同じものと見なされ、結果として人々が無宗教であることを誇らしげに思いはじめたのではないでしょうか。

もともと明治以前の人たちは宗教観を問われることがなかったし、宗教を意識したこともなかったと思います。というのは、みんなが素朴な信仰心を当たり前のようにもっていたからです。

先日、私が監修した「地球交響曲（ガイア・シンフォニー）第二番」という映画に登場していただいた佐藤初女《はつめ》さんという方に招待され、岩木山麓のお宅を訪問したのですが、岩木神社の鳥居が山の中腹までつづいており、それは壮観なものでした。北辺の貧しいところでありながら、大鳥居を何本もつくっている。これは近隣住民のたいへんな信仰心のたまものでしょう。いまでも大祭には近郷近在の人が集まるそうです。

岩木山は津軽富士と呼ばれ、津軽平野に忽然《こつぜん》とそびえ立つ山で、その巨大な山の姿に神の存在を感じて、いわゆる山岳信仰というものが生まれたのだと思います。

このように、日本にはもともと神社があり神道があって、宗教があったというわけではなく、山岳信仰を含めて、土着の宗教が日本人の信仰の中核であり、ことさら宗教といわなくても、みんなが信仰心をもっていたのではないでしょうか。

このような土着の信仰も含めて、西欧でもアジアでも日本でも、宗教が大きな力をもったのは、自然界で人類が生存していくために必要だったからです。分厚い毛皮も身につけていない丸裸の人類は、武器になるような牙もなく、体が巨大であるわけでもない。生き残る力が弱い動物だといってもよいでしょう。

そういう貧弱な肉体をもった人類が自然界の大きな変動のなかで生きていくわけですから、恐怖心は凄まじかったはずです。その自然界の脅威にさらされるなかで、宗教は人間を救うものとして生まれました。いわば宗教は過酷な自然環境のなかで人類が生きていくために必要欠くべからざるものだったのです。

有史以来、人類の知恵が次から次へといろいろなものを生みだし、昨今では、もともと虚弱な肉体しかもたなかった人間が、高度な科学技術を発展させ、自然界を支配するほどの力までもちはじめました。

その結果、人類は自然界に対する恐怖心をなくしてしまったのです。そうして現在では、宗教に救いを求める必要も、宗教をもたねばならないという必然性も失われてきたといえます。

ところが、生存の危険性から宗教に救いを求める必要が失われた半面、そのことで現代人の心のなかにポッカリと空洞ができてしまっているのではないでしょうか。その空白感と虚無感は大きく、まだ埋めるものがありません。

そのために、たとえば若い人の世界では、こっくり（狐狗狸）さんやタロット占い、さらには新興宗教などに興味を示す人が増えているそうです。表向きには迷信を否定していながら、一方では心にできた虚無の空洞を埋めるためにオカルティックなものに惹かれているわけです。

私は自然科学を含め、各分野で第一人者といわれる学者の方々と親しくおつき合いしていますが、五十代のころは「宗教など信じない」といって力んでいたそれらの方々も、七十歳をすぎてくると少しマイルドになって、神の存在に対して強い否定をしなくなり、人によっては「宗教のような精神世界も理解できそうな気がします」というようなことをいいだす方もいます。

結局は宗教に帰依《きえ》するまでには至らない人が多いのですが、その人たちがどうして安心立命するのか、どのようにして心の空洞を埋めるのかと思って見ていると、「新しい宗教」と呼ぶべきような境地を見出しておられるのです。

「死ぬと肉体はなくなり、無になる。私自身もみんな無だ」とわかったようでわからないことをおっしゃる。これは唯物論的な思考で、無宗教ゆえに生じたものだろうと思いますが、そのような方にとって、「無」というのが死の捉え方だと私は考えています。

——人生ではいろいろと悩みもするけれども、死んだらすべてが消えてゼロになる。だから、なんの心配もしなくていいではないか。もともとは無から生じ、すべてが無に帰す。肉体が滅びて私自身が消えることに若干寂しい思いはあるけれども、私自身がゼロに帰るだけなのだ。そう思えばあきらめもつく――。

このような諦観《ていかん》に達しているので、死に際してもうろたえない。そういう意味ではある種の宗教であり、いってみれば「無の宗教」だと思います。「遺骨を昔行きたかったあの海へまいてください」という散骨も、やはり無に帰すという死への認識がもたらす現象でしょうが、このように、あらゆる存在はゼロに帰すというふうに結論をつけていくインテリの人たちが増えているようです。

しかし私は、このように死後の霊魂の世界が否定されてきたことも、宗教が日本で衰退した要因の一つではないかと考えています。

明治以来、霊や魂ということが迷信として一掃され、死は肉体の消滅を意味するだけのものになりました。それは心とか霊魂というものが肉体と別々にあるのではなく、肉体の死そのものが魂や霊をふくめ、すべてをゼロにするという考え方です。

こうして魂や霊が否定された結果、死に対する人々の意識が変わってしまったのです。いま人類がもっている死に対する意識のほとんどは、じつは死の瞬間の肉体的苦痛に対する恐怖でしかありません。

ところが、従来の宗教は永遠の命を漠然とでも信じていたので、「私は死を迎えるが、そのあとどうなるんだろう。聖母マリアにすがって救ってもらいたい」とか、「菩薩様に助けていただこう」というように、死んでいく先に救いを求めようとするものでした。昔の人たちにとっては、「死んだあと、自分はどこへ行き、どうなるのか」という死後の世界への不安こそが死の恐怖だったのです。

これはキリスト教でも仏教でも同じことです。ローマのシスティーナ礼拝堂にミケランジェロの「最後の審判」という絵があります。そこには天国に行くか地獄に行くかという場面が描かれていますが、日本の芸能にも、能や歌舞伎などに、死霊《しりょう》が出てくる話が数多くあります。なかには、本人は生きているけれども、その霊だけが肉体を離れて出てくる生霊《いきりょう》の話も出てきたりします。

当時は、現実の世界で霊が認知されていたのです。しかし、そこらにうようよいた霊、魑魅魍魎《ちみもうりょう》が、迷信の否定から始まった近代のなかで消えてしまっている。

ところが、現在に至って多くの人が、心の空洞を感じるようになった。そして非常に感性の鋭い人たちは「やはり霊魂がありそうだ」といいはじめています。そういう感性が、短絡的におどろおどろしい世界を描いた劇画を生みだしたり、若者を新興宗教に走らせている。それが現代の社会だと思うのです。

結局、それは魂や霊を全部否定してしまったことの反動でしかないのです。

私は来世があると信じています。人間は死んでもゼロにはならないと考えているのです。では、どこに行くかと問われたら、「わからない」と答えるしかありません。しかし、それでも来世はあると信じています。

もっとも、私が信じている来世は、一般にいわれるような地獄、極楽がある世界ではありません。地獄、極楽は昔の無知な庶民を善導するために方便として使われた概念でしかないのですが、私の来世に対する考え方の基本には霊魂不滅というものがあります。

たとえば、稲盛和夫という魂は、現世において、心を高めるためにいろいろな修行をして、やがて死んでいくわけですが、死んでなおあの世で同じように修行していると私は考えます。

それがどういう修行かはわかりません。さまざまな責め苦にあって、根性を直されるかもしれませんが、いずれにしても、あの世に行っても心を高める努力をつづける。そして、輪廻転生があるわけですから、また誰かの体を借りて現世に戻ってくる。そこであらためて修行をする。

そして、心がお釈迦様のレベルといいますか、悟りの境地まで高まってくると、輪廻転生の輪が切れ、現世へ帰ってこなくてもいいようになると理解しています。

心、魂というものは純化していくものであり、それをより美しくする作業が現世を生きる目的だと私は思っています。つまり、現世の人生とは心をより高い次元のものにしていくために与えられた期間であり、修行の場だと信じているのです。

私たちは魂だけをもって来世に行くのであって、財産も名誉ももってはいけません。また、誰も一緒に死んではくれません。いくら一人で死ぬのは寂しいと思っても、一人で旅立たなければならないのです。そのときの勲章は、より美しくなった魂、心の輝きだけなのです。

宗教画などで、天使が出てくるときに光で目が眩《くら》むとか、聖母マリアが姿を現わしたときに光が射し込むとか、また仏の体から後光が射している様《さま》が表現されていることがあります。私は、そのように魂や霊を光で表現するのは適切だという気がします。それは、われわれも同じように心を磨いていけば、その魂は光り輝く、まぶしいものになっていくと考えるからです。

第十九章

共生と競争について

Co-existence and competition

狩猟採集の時代、まだ人類が文明を築きあげる前は、われわれは共生の思想というものを強くもっていました。

共生の思想とは何か。私なりに考えますと、「愛」がキーワードになります。

「愛」には二つの面があります。一つは他のすべてのものを包みこむ普遍的な愛です。もう一つは自己愛です。

普遍的な愛に基づく共生の思想が原始的な人類社会に生まれてきたのは、それを自然界に教えてもらったからです。つまり、自分を大事にしようという自己愛が肥大化すると、他者に害を与える。そうすると結局自己も滅びる、ということを自然から学んでいったのです。たとえば、後に詳しく述べますが、焼畑農業などで、目先の収穫にとらわれ、再生能力を超えて森を焼き払えば、やがて土地は地力を失い収穫量も激減する。こうして自己愛の報いは自分にはね返ってくるのです。

人類は、自然界に生きるなかでこのことを学び、「共生という生き方」を自然に実践するようになったわけです。

こうして自然界全体を見ると、普遍的な愛によって共生というものが存在していますが、そのなかで自己愛が強くなる場合があります。たとえば、環境の変化によってバッタが異常繁殖することがある。バッタはあたりの草木をすべて食いつぶして丸裸にしつつ、ものすごい勢いで何十キロも何百キロも移動していきます。そしてすべてを食べ尽くしてしまうものだから、結局は食べるものがなくなり、すべて死んでしまう。このように、自己愛が過大になったとき、その種は死に絶えてしまう。過剰な自己愛は自らの破滅をまねくのです。

では、競争というのはどうして起こるのか。このような疑問が出てくることでしょう。

もともと自然界は普遍的な愛に包まれており、そのために共生という姿が基本にあります。その共生という枠組みのなかで、それぞれの植物や動物は厳しい自然環境に堪え、生存しつづけようと、自己愛に基づいて必死に生きています。じつは、その必死に生きることが、結果として側にいる動物や植物との競争状態を生み出しているのです。

それぞれの植物や動物は、競争しようと思って競争しているわけではありません。もともと普遍的な愛に包まれた共生という自然環境のなかにあって、個々の植物と動物が自分を守り、自己愛によって一生懸命生きようとしているだけなのです。しかし、そうすればするほど、そこに結果として、隣で生存しつづけようとしている者とのあいだに競争が生まれます。そして競争から脱落して、滅亡する者も現われるのです。

それは、一方が他方を滅亡させようとしたのではありません。一方が生存をかけて必死に生きたために、その余波を受けて、生存に対する努力が足らなかったもう一方が脱落をしていく。つまり「適者生存」なのです。

自然界の過酷さを表わすために、よく「弱肉強食」という言葉が使われます。しかし私は、動物の世界で一部そういう面が見られるにしても、どちらかといえば「適者生存」というほうが自然界の掟《おきて》であるように思います。それは誰かが意図的に滅ぼしたのではなく、環境に適合できなかったために自ら没落をしていくというのが真実の姿だと思うからです。

たしかに動物の世界では、自己愛に満ちて、自分を生存させるために他を殺すということが起こります。ところが、その場合でも、動物は自己の生存に最低限必要な殺生《せっしょう》しかしません。それは、自己愛が肥大化してしまうと、自分も生存できないからです。一見、凄惨な生存競争下に生きているように見えますが、生存に最低限必要な量しかとらないことを見れば、自然界で共生が行なわれていることがよくわかるでしょう。

自己愛は必要です。自己愛がなければ自分の命を維持できないのですから、生きるために必要な自己愛は当然あって然《しか》るべきなのです。しかし、それはあくまでも共生という枠組みの範囲内にとどめるべきです。

これは、先に述べた自由の二面性ということと同じでもあります。人類は自由を手にしました。しかし、その自由は一方から見ると素晴らしいものですが、他方から見ると悪をなすこともあるのです。

もともと善と悪があるのではないのです。根は同じところ――愛――から始まっています。その愛の使い方によって、善にもなり悪にもなる。自己愛に終始した場合に悪をなし、他者を思うという愛に目覚めたときに善となる。善悪の分かれ目とは、自己を愛する「愛」と他を愛する「愛」のあいだにあるのです。

自然界は普遍的な愛にあふれ、全体としては共生しています。それは、自分だけ繁栄したのでは必ず相手を破滅させて、自分も将来は疲弊してしまうということを知っているからだろうと思います。ですから仏教にある「足るを知る」という考え方が共生を実践するためのキーワードになるのです。

普遍的な愛が必要なのは、企業競争でも同じです。

自分の企業を守り、繁栄させ、発展させていくためには、まず企業を守っていこうという自己愛が必要です。しかしながら、そのベースには普遍的な愛に包まれた共生の思想がないといけません。あまりに自分の会社のことだけを考え経営をすれば、結局、お客様が利益を得られず離れていき、経営は行き詰まっていくはずです。その結果、従業員の生活も、株主の利益も守れなくなり、企業自体も存続できなくなってしまいます。自分の会社を立派にしたいという自己愛が強すぎると、会社は生きられなくなるのです。

そうならないためには、お客様、従業員、株主など、会社をとりまく人々が喜んでくれるような経営をしなければなりません。自己愛と同時に、他者への愛というものがどうしても必要になるのです。

もしあまりにも自己愛が強い業界や企業が突出してしまうと、社会全体の調和を壊すことになってしまいます。

そこで現代の企業社会では、一業界や一社だけが強大な力をもつことができないよう、独占禁止法という法律をつくりました。これは共生の思想を法制化し、現代社会のなかに組み入れたものだと私は解釈しています。

企業は従業員を長期的に雇用していかなければなりません。同時に、取引先企業の繁栄も考えるべきです。

従業員の生活を維持し、守っていくことも普遍的な愛なら、取引先の企業、あるいは経済を支えていこうとすることも普遍的な愛です。企業活動で利益が出て、税金を納めて、それが社会で有効に使われる。また、寄付等の行為を通じて社会に貢献する。これも普遍的な愛です。こうして企業も社会と共生しなければ、生き延びることができないのです。

たしかに企業間の競争では、結果として相手の会社がつぶれていくこともあるかもしれません。しかし、これは先に述べましたように、「適者生存」の競争をしているからにすぎません。まずは自分の企業が生き残り、また発展できるよう一生懸命努力をしなければならないのです。それは一見、自己愛が強いだけと見えるかもしれませんが、自然界の摂理《せつり》でもあるのです。

ですから、共生だといわんばかりに、護送船団方式で同業者すべてがうまく成り立つように行政や業界が口を出すのは、業界にとっては都合がよいかもしれませんが、お客様である一般大衆はそのためにたいへんな害をこうむることになり、決して共生という普遍的な愛の行為とはいえません。逆に業界全体の自己愛に満ちた振舞いでしかないのです。

私はまた、共生のために競争が必要であるのと同じように、競争のために共生が必要であるとも考えています。

たとえば、国道筋に一軒だけラーメン屋さんが開業しても、お客様はあまり来店せず、つぶれてしまうことが多いようです。ところが、周囲に何軒もラーメン屋さんができると、人がどんどん集まりそれぞれの店が繁盛します。これはラーメン屋さん同士が競争することで、味もよくなり、値段も安くなり、それぞれの店が栄えて、結果的に共生しているからでしょう。

逆に、もし隣にライバルが出店することを邪魔し、自分の店だけで市場を独占しようとすれば、サービスも品質もよくならず、お客様もこず、結局失敗してしまうのです。

このように、本来競争も共生も、他者を認め、多様性を認めるという前提のうえに成り立つのであり、また共生と競争があって初めて、社会全体が繁栄できるのです。

第二十章　「足るを知る」ことについて

Knowing there is enough

あるとき、京大の霊長類研究の第一人者である故伊谷《いたに》純一郎先生の話を聞く機会がありました。

チンパンジーの生態研究のためには、アフリカの山に何カ月も滞在することがあるそうです。これは伊谷先生が、そのときに原始狩猟民族の集落で経験された話です。

その集落では、狩りをするときに、一族の男が総出でそれぞれ弓矢を手に出かけるそうですが、誰か一頭でも獲物を倒しますと、その日の狩りは終わりとなり、みんな集落へ帰っていきます。そして、とった獲物を解体し、みんなで分け合うそうです。

まずは仕留めた男がいちばんおいしい部分を自分の家族向けに取り、あとは血縁の濃い順番に、親、兄弟、義理の親というように、少しずつお裾分けをしていきます。もちろん末端に行けば行くほど、肉片は小さくなっていきます。

それを見た伊谷先生が、その集落の人をつかまえて、「量が少ないのではありませんか。一頭とったからといって狩りをやめずに、もっと獲物をとって、ふんだんに食べられるようにしたらどうですか」と聞かれた。

すると、「いや、それは村の掟でしてはならないことになっている。誰かが一頭を倒せば、その日は狩りは終わりということが昔から決められている」といって、決して一日一頭以上の獲物をとろうとはしないそうです。

伊谷先生は、欲望のおもむくままに獲物をとっていけば、やがては野生動物の減少を招き、いずれ自分たちの食糧難を招来することになるということを、原住民たちが本能的に知っているからではないかといいます。だから、再生産が可能な範囲を超えてまで狩猟をしないのです。

また伊谷先生によれば、チンパンジーの社会でもそのようなことがあるといいます。チンパンジーは雑食で、普段は木の上で木の実などを食べているのですが、たまに地上に降りて群れをなして獲物を狩り、肉食をします。腕力を活かして棒切れなどを手に小型の動物などを倒すのですが、その場合も一頭を倒すと、他のチンパンジーは狩りをやめ、仕留めたチンパンジーのもとに寄ってきて、肉片を千切って分けてもらうといいます。

このように、原始狩猟民族にしても、チンパンジーにしても、自分が生きるために欲望を抑え、自分をとりまく環境との「共生」を図るという知恵をもっているのです。つまり、自分の欲望を抑えることがかえって自分を生かすことだということを知っているのです。

アフリカには、まだ原始的な焼き畑農業で生計を立てている部族がいるようです。

その人たちは社交的で、伊谷先生らが立ち寄ったときも、ご馳走を出して、歓待をしたようです。その部族の酋長《しゅうちょう》がいうには、以前フランスの調査隊が何日間か逗留《とうりゅう》したときにも同じように歓待したために、その後自分たちが食糧難に陥ったというのです。

伊谷先生が、「どれくらい食糧をつくっているのか」と聞くと、「部族の人間が一年間食べられる分だけしかつくらない」といいます。「それでは訪問者に食べさせてしまえば足りなくなるに決まっている。少し余分に生産をしたらいいのではないか」と問うと、「それはできない」と酋長がいい、「部族の神様が許さないからだ」と答えたそうです。

焼き畑農業では、森に火を放つことで豊かな土壌をもった畑を開き、そこを耕して芋や穀物などを収穫します。肥料などを使っていませんから、毎年連作をすると、土地は次第に痩《や》せ、収穫量が年ごとに落ちてきます。すると、こんどはまた別の森に火を放って新たな畑を開くというように、次々に森を焼くことで豊かな土壌をもった耕作地をつねに確保しているのです。

たとえば、ある集落の周囲の森を十等分し、それを順番に焼き払い、それぞれ十年ずつ耕作をしていくとします。すると、最初の土地へ戻ってきたときにはちょうど百年たつわけですから、そのときには最初に焼き払ってできた畑も百年前と同じように、豊かな森に還《かえ》っているはずです。そのような森をまた焼けば、地味《ちみ》の肥えたよい畑になって再び作物が豊富にとれるということになるのです。

しかし、もしそのようなことをせず、もっとたくさんの食糧を得ようと、いつもより多く森を焼き払えば、短期的には多くの食糧を確保することができたとしても、長期的には多くの畑が耕作に適さない痩せた土地となってしまい、飢饉《ききん》を招きかねません。だから原住民たちは、いくらいまはひもじい思いをしても、森の再生能力を超えて森を焼き払うというようなことはしないのです。

百年先といえば、三世代くらい先の話になります。つまり、ひ孫の生活のために厳しいルールをつくって、ひもじい思いをしながらでも厳格にそれを守りつづけている。そういう原住民たちの姿に触れて、先生は心から敬服されたそうです。科学的な知識もなく、その原理も理解していないかもしれませんが、「共生」の生き方が遺伝子として彼らのなかにインプットされ、脈々と受け継がれているのです。

森羅万象あらゆる生きとし生けるものが未来永劫にわたり生きていけるよう、足るを知り、利己を抑えていくという生き方が、この原始的な村でさえ守られているのです。

ひるがえって、科学が発達し、豊かな生活を享受している私たち先進諸国の人間はどうでしょうか。自然を蔑《ないがし》ろにし、肥大化しつづける自分の欲望を満たすことだけに汲々としているのではないでしょうか。そのために、いつまでたっても満足することができないのです。

私たち日本人は、もう十分に豊かになっています。そろそろ足るを知り、地球環境の問題やこれから豊かになろうとしている発展途上の国の人々のことを考えるべきではないでしょうか。

そのような「共生の思想」をもつことは、私たち一人ひとりの人生を豊かにするとともに、多くの人がそのような思いを共有できるならば、物質的のみならず精神的にも豊かな社会が築けるものと私は信じています。

第二十一章

私の歩んできた道

The path I've walked

私は子供のときに、その後の人生に大きな変化を与えることになった「生長の家」の本に出会いました。

それは十三歳のときでした。私は結核を患《わずら》って死にかけていました。同じころ、叔父も叔母も結核で亡くなっていたため、「稲盛家は業病の結核で全滅するだろう」と近所ではささやかれ、自分も死ぬかもしれないという暗澹《あんたん》たる気持ちになっていました。

そのような状況のとき、お隣の家の奥さんが、「生長の家」の谷口《たにぐち》雅春《まさはる》さんの書かれた『生命の實相《じっそう》』という本を貸してくださったのです。

そこには「心に描いたとおりに結果が現われる」ということが説かれていました。「心の様相」という言葉を使っていましたが、要するに意識状態がそのまま自分の周辺に現われるということを教えていたのです。

自分の周辺に現われる諸々の現象は、心のなかに描いた様相が現われたものにすぎない――つまり、不幸も結核もすべて心の反映だ――という教えに触れて、「自分はやましいことを思ったことなどないのに」と矛盾を感じながらも、病床で必死で善き想念を描こうと努力しました。

また、善き想念とは何かということを懸命に考えてもいました。そして子供心に「世のため人のため」というものが善き想念の最高のものだと思い、そのような想いをもつべきだという考えに至りました。

善きことを思えば善きことが起こり、悪いことを思えば悪いことが起こる、ならば善きことを思わなければならない、いや努めて思うようにしようと考えたのです。

死に直面した、いい知れぬ恐怖感のなかで、私はそう理解し、その考えは現在までつづいています。受験や就職の失敗も経験しましたが、不思議とこの「教え」を疑うことはなく、何か悪いことがあれば、自分の想念が間違っているからだと思うようになりました。

もちろん、人間ですから煩悩《ぼんのう》があります。放っておいたら、自分だけよければよいという思いが出てきます。それでも、子供のころからつねに善き思いをもとうと努めてきたものですから、どうにかこれまでやってこられたのではないかと思います。

それはたとえていうと、心のなかに「もう一人の私」がいるというイメージです。自分だけよければよいというわがままな考えが出てくると、「ちょっと、それはおかしいぞ」「善きことを思わなければいけないぞ」と別の自分が注意をする。

いわば、「もう一人の私」が「本能のままに暴れようとする私」を抑える役目を果たしてくれているような気がします。その結果がおそらく今日につながっていると思うのです。

しかし、思い返せば、時期によって多少の濃淡はありました。結核を患ったあとはかなり強く善きことを思うようになり、中学に入った当初までそれがつづきましたが、徐々に希薄化していき、大学生になるまでは自由奔放な面が強かったように思います。

大学に入ると、また少し善きことを思うようになりました。そして、社会に出てからも同じように、「善きことを思わなければいけない」と考えつづけて、いまに至っています。

社会人になってしばらくして、私は仏教に親しむようになりました。子供のころに読んだ「生長の家」の谷口雅春さんの思想は仏教に大きな影響を受けているため、私が仏教に親しむようになるには何の抵抗もありませんでした。

「善きことを思わなければいけない」と考えて毎日を暮らしていると、本屋に行けば自然に仏教に関係する本に手をのばしている。仏教書に書かれていることは谷口さんの思想と変わりませんので、違和感なく入っていける。ちょうどそんな感じでした。

私は、平成九年（一九九七年）に得度《とくど》して仏門に入りましたが、これは一人の老師との出会いの結果でもありました。

京セラ（当時は京都セラミック）が創業したとき、お世話になった方に、西枝一江《にしえだいちえ》さんという方がいます。当時、宮木電機という会社の専務でした。その方が京都府八幡《やわた》市にある円福寺《えんぷくじ》の当時の老師と親友で、若いころから円福寺に通って、いわゆる般若湯《はんにゃとう》を一緒に飲むようなおつき合いをしていました。その関係で西枝さんは円福寺の後見人のような役を引き受けていたのですが、その老師を継いだ方が、あるとき寺の土地の売買をめぐって問題を起こしたそうです。そこで、西枝さんは熊本のお寺にいた西片擔雪《にしかたたんせつ》という老師を後任として招かれたようです。

西枝さんと西片擔雪老師はともに新潟出身で、遠い親戚同士と聞いています。擔雪老師は若いころ、西枝さんの家で書生をされて立命館大学に通われていたそうですが、結核にかかり、喀血《かっけつ》された。そして、「このままだと死ぬかもしれない。それならお寺に入りたい」といいだされ、「弱った体で厳しい修行のあるお寺に入れば、自殺するようなものではないか」と反対されても、「どうしても行きたい」といって京都の花園にある妙心寺《みょうしんじ》に入られたと聞いています。その後、奇蹟的に結核が治り、修行をつづけ、熊本で老師をされていた。その方を西枝さんは円福寺に招いたわけです。

西枝さんはその後亡くなりましたが、しばらくして、擔雪老師が妙心寺本山の高僧になる資格を受けられることが決まりました。すると、西枝さんの奥さんが私を訪ねてきて、擔雪老師が高僧となられるためには在家の後見人がいるので、私に引き受けてもらえないかといわれたのです。

後見人がどんなことをするのかわからないし、そのときは擔雪老師とも親しいわけではなかったのですが、「西枝さんにお世話になりましたので、やらせてもらいます」と私は答え、後見人になりました。そのような縁で、擔雪老師としばしば会うようになり、その後、私自身、禅宗に傾斜していくことになりました。

私の生家は浄土真宗の西本願寺派で、子供のころから念仏仏教には親しんでいましたが、禅宗はまったく知りませんでした。擔雪老師との縁で臨済宗妙心寺派の方々と接しているうちに、禅に惹《ひ》かれるようになり、一度本格的に勉強してみたい、得度したいと思うようになりました。それは擔雪老師の人間的魅力と禅宗の教えの魅力によるものではないかと思います。

擔雪老師は厳しい修行をされた方で、八十歳を前にした現在まで妻帯もせず、菜食主義をとおされています。稲盛財団が主催している京都賞の晩餐会でも、擔雪老師にだけは違う食事を準備させていただいているほどです。

禅宗のお坊さんでも、妻帯をし、肉を食べる方が少なくないなかで、擔雪老師はもっとも禅僧らしい立派な方だと思います。もちろん接していても、ご老師の品格、人格には素晴らしいものを感じます。

お訪ねしても、擔雪老師は無口な方で、難しいことはほとんど話されず、抹茶を点《た》ててくださる。そのあいだ私が一方的に会社でこんなことやっているなどと話すと、「ふん、ふん」といって聞いてくださるだけです。

擔雪老師とのおつき合いで印象深いことはいくつかありますが、いちばん忘れられない思い出は十五年ほど前のことです。

京セラが、ファインセラミックスの人工膝《ひざ》関節を許認可を得ずに販売したということで、マスメディアから集中砲火を浴びたことがありました。

それは、すでに認可を受けていたファインセラミック製股《こ》関節を医師の方々からの強いご希望により膝関節に応用したという事情があっただけに、私からはいいたいこともたくさんありました。しかし、私はあえて汚名を着せられたまま耐えようと思いました。

しかし、連日マスコミに書きたてられますと、人間、憤懣《ふんまん》を抑えきれるものではありません。そのときに私は擔雪老師のところへ行って、「じつはこんなことがあって、たいへんな目に遭っているんです」とお話ししました。擔雪老師も新聞を読まれてご存じでした。そして第一声、こんなことをおっしゃったのです。

「それはしようがありませんな。稲盛さん、苦労するのは生きている証拠ですわ」

慰めていただけるのかと思ったら、それは当たり前だといわれる。内心、落胆していたら、次にこういうことをおっしゃった。

「災難に遭うのは、過去につくった業《ごう》が消えるときです。稲盛さん、業が消えるんですから、喜ぶべきです。いままでどんな業をつくったかしらんが、その程度のことで業が消えるならお祝いせんといかんことです」

まさに「積みし無量の罪滅ぶ」と、白隠禅師《はくいんぜんじ》「坐禅和讃《ざぜんわさん》」にあるように説かれるのです。それは私を立ち直らせるには最高の教えでした。私はこれで救われた思いがしたのです。

その後、私は平成九年（一九九七年）九月七日に、擔雪老師の導きをいただいて、円福寺で在家のまま得度しました。

どうして得度をしたのかと、私はしばしば尋ねられます。そもそも私は六十歳で得度するつもりでいました。そのころ私は人生を八十年として、こんなことを考えていました。

「生まれてからの二十年は社会に出るための準備期間。二十歳からの四十年間は社会で働く期間。六十歳から八十歳までの二十年は死出の旅への準備期間。だから六十歳で会社を辞め、お坊さんのまね事もしながら、新しい旅立ちのために仏教の勉強をしてみたい」

つまり、私は八十歳で肉体の死を迎えるにあたり、新しい心の旅――魂、意識体の旅――が始まるから、それまでに準備しておかなければならないと考えたわけです。

では、なぜ八十歳で死ぬと思ったのか。これは、インドの伝承医学であるアーユルヴェーダを究《きわ》め、ヨガの修行をした高僧が日本に来たとき、脈診してもらっていわれたことがきっかけです。そのとき、わずか五分くらいの脈診だけで、「小学校のころ、結核になりましたね」「それは右の肺でしたね」「肺浸潤《しんじゅん》でしたね」「いま、たまに頭半分に激痛が走りますね」（そのころ、三叉《さんさ》神経痛で頭痛に悩んでいた）と、下される診断がすべてあたっていました。唖然としていると、「いまは大丈夫です。健康です」といったあとに、「あと何年くらい生きますよ」と軽くいわれたのです。それを年齢に換算すると八十歳でした。それが頭に残っていましたので、私は八十歳で死ぬと勝手に思い込んでいるわけです。

ところが実際には、六十歳の段階ではまだ第二電電（現ＫＤＤＩ）の仕事などで多忙をきわめ、経営の第一線から退けませんでした。しかし六十五歳になり、「残り十五年しかない。もう待てない」と強く思い、実行することにしました。ですから私にしてみれば、「やっと得度できた」というのが実感です。

ただ、当初平成九年の六月二十九日に得度して、二週間ほど仕事を休んで修行をしようとスケジュールを空けていたら、その一ヵ月ほど前に受けた健康診断で胃ガンが見つかったのは予想外の出来事でした。健康診断でレントゲンを撮ったところ、怪しいところがあるといわれ、何日かあとにまた病院に行って胃カメラを使って精密検査を受けました。すると、テレビモニターに赤く糜爛《びらん》した胃壁が映り、その細胞を取って培養した結果、ガンだとわかったのです。

毎年、年初に健康診断に行っていたのに、この年だけたまたま六月はじめに延期しました。一緒に行くはずの家内が風邪をひき、病院に行くのを嫌がったので、私もやめることにし、結局、六月に検査を受けたのですが、そのおかげでタイミングよくガンが見つかったのです。

タイミングよく、というのは、一月の健康診断ではわからなかっただろうし、一年後の健康診断では手遅れになったかもしれないからです。

「早期ガンだから大丈夫です」といわれて手術をしましたら、じつは進行性のガンで、胃壁が皮一枚残っているだけでした。進行性ですから一月に検査してもガンはできていなかったでしょう。しかし翌年一月まで検査を待っていれば、すでに手の打ちようがないくらいガンが進んでいたはずです。

医者からガンを告知されたときに、驚きとかショックというものはありませんでした。「ああ、ガンですか」という感覚です。昼に医者からその話を聞きましたが、予定どおりその足で新幹線で岡山まで行って、盛和塾の例会で中小企業の経営者を相手に講演し、その後の懇親会でお酒を少し飲み、新幹線の車中で塾生の相談を受けながら深夜、京都へ帰ってきました。そして家に戻り、いつものように床に就きました。

「ガンが気になり、動揺しなかったのか」とか、「死ぬことを意識して恐れはなかったのか」とよく問われます。しかし、そのようなことはありませんでした。

自分なりに考えてみると、死は意識体の旅立ちでしかない、それは肉体の死であって魂の死ではないと固く信じていたからだろうと思います。死が新しい旅立ちであれば、ガンにかかったことも死ぬかもしれないことも悲劇ではないわけです。

もちろん、子供のころ結核にかかったときには、死にたくないという気持ちはありましたが、五十歳くらいから、死ということに対してあまり動揺しなくなりました。

それが信仰心によるものかというと、少し違うように感じます。信仰というと、たとえば阿弥陀仏が救ってくれるとか、キリストの導きで天国へ行けると思うものです。しかし私は信仰以前の問題として、生命の不滅を信じ、死とは肉体が消えるだけで、私自身の魂は永遠だと思っています。また、その魂を磨きつづけなければならないと考えています。このことが大きいのではないかという気がします。

さて、得度したあと擔雪老師からは、「僧は修行を積んでもなかなか社会に影響を与えることはできませんが、あなたは、得度して実社会で社会のために貢献していくことが仏の道でありましょう」という言葉をいただいています。今後も仏の教えにしたがい、微力ながら世のため人のために尽くし、少しでも自分の心を高めていきたい、そのように考えています。

この作品は、単行本が二〇〇一年十一月に、文庫本が
二〇〇三年七月に、ＰＨＰ研究所より刊行されました。

〈著者略歴〉
稲盛和夫（いなもり　かずお）
1932年、鹿児島生まれ。鹿児島大学工学部卒業。59年、京都セラミック株式会社（現京セラ）を設立。社長、会長を経て、97年より名誉会長を務める。また84年には第二電電（現KDDI）を設立、会長に就任。2001年より最高顧問。2010年、日本航空会長に就任。15年より名誉顧問。一方、84年には稲盛財団を設立すると同時に「京都賞」を創設。「盛和塾」の塾長として、経営者の育成に心血を注ぐ。
主な著書に、『［新装版］心を高める、経営を伸ばす』（PHP研究所）、『稲盛和夫のガキの自叙伝』（日本経済新聞出版社）、『生き方』（サンマーク出版）、『働き方』（三笠書房）、『考え方』（大和書房）、『「成功」と「失敗」の法則』（致知出版社）がある。
稲盛和夫オフィシャルホームページ
https://www.kyocera.co.jp/inamori/

［新装版］稲盛和夫の哲学
人は何のために生きるのか

2018年9月18日　第1版第1刷発行

著　　者　稲盛和夫
発 行 者　後藤淳一
発 行 所　株式会社ＰＨＰ研究所
東京本部　〒135-8137　江東区豊洲5-6-52
出版開発部　☎03-3520-9618（編集）
普及部　☎03-3520-9630（販売）
京都本部　〒601-8411　京都市南区西九条北ノ内町11

PHP INTERFACE　https://www.php.co.jp/

組　　版　朝日メディアインターナショナル株式会社
印 刷 所
製 本 所　図書印刷株式会社

ISBN978-4-569-84145-8